C'EST TOUT MOI

Jessica Thivenin

C'EST TOUT MOI

Design graphique et composition par Nord Compo
Achevé d'imprimer en juin 2019 par Aubin Imprimeur (France)
Dépôt légal : Juin 2019
ISBN 978-2-9566650-1-4

Instagram jessica_thivenin / Snapchat jessoff13
www.jessibo.fr

PRÉAMBULE

Je m'appelle Jessica Thivenin. J'ai bientôt trente ans. Je suis née dans une famille modeste et on ne peut pas dire que j'ai brillé par mes études. Pourtant, aujourd'hui, plusieurs millions de personnes me suivent sur les réseaux sociaux et je ne peux aller nulle part sans qu'on me reconnaisse, qu'on m'aborde, qu'on me sollicite.

Pourquoi ? Simplement parce qu'un jour j'ai reçu un coup de fil me demandant si je voulais participer à une émission de téléréalité qui s'appelle *Les Marseillais* et que j'ai dit oui ?

Si j'ai voulu écrire ce livre, c'est parce que tant de gens se posent et me posent toujours les mêmes questions. Et moi aussi, je me les pose. Pourquoi moi ? Pourquoi et comment est-ce que je suis devenue cette « star » de la téléréalité ? Est-ce qu'il suffit de se montrer, d'avoir un joli physique ? Est-ce que la téléréalité est une mascarade ? Est-ce que les candidats jouent un rôle qu'on leur a demandé de jouer ? Qu'est-ce qu'il se passe hors caméra ? Est-ce que c'est ma personnalité qui m'a fait devenir qui je suis ou la téléréalité ? Ou les deux ?

Et qu'y a-t-il après ? Est-ce que la notoriété est une drogue ? Est-ce qu'on sort de tout ça indemne ?

Je n'ai pas toutes les réponses. Mais je vous invite, chère lectrice, cher lecteur, qui me faites l'honneur et l'amitié de me lire, à suivre mon parcours et à partager avec moi les principales étapes de ma vie qui m'ont conduite là où je suis aujourd'hui.

INTRODUCTION

Deux souvenirs pour commencer. Le premier, c'est le 5 mars 2014. L'avion qui nous ramène de Rio se pose à Roissy. Nous descendons, un peu fatigués par le décalage horaire, et attendons nos bagages. Je repense à ces journées qui viennent de s'écouler dans la belle villa où nous logions. Je repense à ces moments où je me suis demandé si j'allais perdre Julien et finalement à la joie de le retrouver.

Jusqu'ici, participer aux *Marseillais* c'était une façon pour moi de rester proche de Julien qui était déjà dans l'aventure, de mieux comprendre ce qu'il vivait, de ne pas le perdre. Pendant tout le séjour à Rio, je suis restée totalement moi-même. La présence des caméras ne me gênait pas. D'ailleurs il n'y a pas grand-chose qui me gêne dans la vie, mais j'y reviendrai.

Nos bagages arrivent sur le carrousel. On prend un chariot et on sort de la zone des bagages. Les portes s'ouvrent et là… ma vie bascule.

Au moment où s'ouvrent les portes coulissantes et où je pousse mon chariot, il y a un monde fou qui attend

« les Marseillais » que nous sommes. Des gens me font des signes. Je pense que c'est pour quelqu'un d'autre, pour Julien, peut-être, mais ils crient aussi mon nom : « Jessica, Jessica, par ici ! Une photo ! Un autographe Jessica ! » Et là, tout à coup, sans prévenir, sans que rien m'y ait préparée, je réalise que je suis connue et bientôt célèbre.

Autre souvenir : ma première prestation seule en boîte de nuit, mon premier « booking ». Je suis dans la loge où je me prépare. Elle est petite et pas très bien arrangée. Je suis seule et j'ai la boule au ventre. Je ne sais pas vraiment ce que je dois faire, je ne sais pas si les gens vont me reconnaître, vont être gentils avec moi ou au contraire agressifs. En fait, je me demande s'il va y avoir du monde car je n'imagine pas vraiment qu'on puisse attirer des foules sur mon seul nom. Seule dans ma loge, j'attends. Je repense à la petite fille que j'étais, à mon enfance provençale et à toutes ces villes et tous ces villages où se posait la caravane dans laquelle nous habitions avec ma famille. Quel chemin parcouru ! Je n'ai pas trop le temps de rêvasser car on vient me chercher. Tiens, pourquoi sont-ils quatre ? Des hommes très baraqués, des costauds. La porte qui donne sur la piste et le reste de la boîte s'ouvre. « Attention, mademoiselle, il faut bien rester entre nous, hein ? » dit le plus costaud des quatre. À ce moment-là, une clameur incroyable monte de la foule que je vois mal à cause de l'obscurité, des stroboscopes, des centaines de flashs qui crépitent de partout et de la masse de gens. Dans le haut-parleur, j'entends le DJ qui hurle « Jessicaaaaaaaaaaaaaa » et la foule qui hurle avec lui. Mon Dieu ! J'avance, comme si j'étais portée par les quatre videurs qui m'entourent. Tout le monde tend la main vers moi, veut me toucher, m'embrasser. J'entends des « Je t'aime » mais aussi quelques « Sale pute ». J'ai presque peur. Pourquoi tous ces gens se jettent-ils sur moi ? Qu'est-ce que j'ai fait ? Qui suis-je pour susciter autant d'intérêt, d'amour et parfois de haine ?

Voici mon histoire. Celle d'une petite Provençale issue d'une famille modeste, qui travaillait mal à l'école et qui est devenue, par la magie de la téléréalité, l'une des personnes les plus suivies sur les réseaux sociaux en France.

Je ne sais pas expliquer vraiment pourquoi une telle notoriété. Ce que je sais, c'est que je n'ai pas honte d'où je viens et que je suis fière de qui je suis.

1re partie

Chapitre 1

UNE ENFANCE EN CARAVANE

Je suis née à 4 h 25, le 26 décembre 1989, à l'hôpital de Tarascon. Mais mes parents n'y habitaient pas, à ce moment-là. On habite dans une caravane, en fait, jusqu'à ce que j'aie six ans.

J'adore cette période de mon enfance. Sur une photo, on me voit dans mon seau, c'est ma piscine. Nous vivons à la campagne. C'est la liberté, on change d'endroit tout le temps. Je suis proche de mon frère Logan, on rigole sans arrêt tous les deux. Je ne regrette pas du tout de vivre en caravane, c'est une maisonnette qui bouge, c'est bien, ça me plaît.

On parcourt toute la France, la Bourgogne, la Normandie, le Sud-Ouest… pour suivre mon père dont le travail l'emmène un peu partout. Peut-être est-ce ça qui m'a donné le goût des voyages ?

J'ai beaucoup de photos de ma petite enfance car ma mère n'arrête pas d'en prendre. En gros, elle croit que je suis Beyoncé, à la naissance. Sur ces photos, on voit qu'on est une famille heureuse, que tout va bien.

À mes six ans, mes parents décident d'arrêter de vivre en caravane, car mon niveau scolaire ne suit pas. Changer d'école tous les trois mois, c'est horrible car il faut tout réapprendre. Les programmes changent, les maîtres aussi qui veulent tous quelque chose de différent et les élèves qui m'accueillent parfois mal. Les maîtres disent à mes parents que ce n'est pas bon pour moi de bouger tout le temps et qu'il faut arrêter.

Mon père achète alors le mas de ma grand-mère qui est décédée, à Vallabrègues. C'est un petit village provençal très mignon, quelque part entre Arles et Avignon. Nous vivons dans une maison à l'écart du village, dans les champs. Nous y restons jusqu'à mes onze ans.

Pendant mon enfance, on n'est jamais en galère. Pas de vacances au ski ou à la mer, pas de vacances tout court même, mais on n'a jamais manqué de rien. On était très heureux. On était bien dans notre campagne, dans le mas de Vallabrègues, avec du terrain autour. On jouait dans la boue, on courait partout. J'avais une vie simple, je pouvais jouer avec une boîte de conserve et être contente. On n'avait pas beaucoup d'argent, mais je n'avais jamais l'impression d'être en galère de fric. On était bien.

Cette enfance-là, je l'ai passée à monter aux arbres avec mes frères, à faire des cabanes. Nous étions de vrais campagnards. Aujourd'hui, ma vie ce n'est plus du tout ça. Dubaï, on ne peut pas vraiment dire que ça ressemble à Vallabrègues !

Quand j'ai onze ans, nous quittons Vallabrègues pour nous installer à Tarascon, petite ville provençale située à quelques kilomètres de là.

C'est un peu moi qui insiste auprès de mes parents pour déménager à Tarascon. Cette année-là, je rentre au collège et je veux continuer à voir mes copines, sinon je ne fais rien. Ma mère n'aime pas conduire, donc elle ne veut pas m'emmener tout le temps à Tarascon pour que je puisse les voir. Ca m'est pénible de savoir que tous mes amis se voient le mercredi et que c'est si compliqué pour moi d'y aller car il faut prendre un bus qui passe seulement de temps en temps.

Donc mes parents finissent par me céder et nous partons y vivre, dans une petite maison un peu à l'extérieur de Tarascon. Pour ma mère aussi, la vie y est plus facile, la ville est à côté. Mon père est en déplacement toute la semaine et ne rentre que les week-ends, donc pour lui ça ne change pas grand-chose. Moi je suis mieux là-bas. Je peux sortir à pied, voir mes copains, aller et venir librement.

Chapitre 2

MES PARENTS

Ma mère s'appelle Colette. Elle ne travaille pas, mais s'occupe de nous tout le temps.

Il faut dire qu'en plus, nous lui donnons du fil à retordre, de quoi devenir chèvre. On lui fait la misère, on joue avec ce qu'il ne faut pas toucher, on se bagarre avec mes frères… Mais ça va, car elle est très autoritaire et elle nous remet toujours dans le droit chemin. Quand il faut qu'elle nous donne une fessée, elle le fait.

Même quand Bradley, mon petit frère, est arrivé, qu'on s'est retrouvés à trois et qu'on se sentait en force, c'est quand même toujours ma mère qui avait le dernier mot. C'est elle qui nous a éduqués et je lui dois beaucoup car c'est cette éducation qui m'aide si souvent aujourd'hui.

Quand on habite en caravane, c'est elle qui me coupe les cheveux. Chaque fois, elle se prend pour une coiffeuse et me laisse une grosse frange. Petit à petit elle coupe les côtés et la frange devient de plus en plus grosse ! J'en rigole encore quand je me vois sur les photos avec cette frange. Du coup, c'est peut-être un peu elle qui m'a donné envie d'être coiffeuse, justement pour éviter ça !

Mon père s'appelle Christian. Avant qu'il ne prenne sa retraite il était monteur de lignes à très haute tension, c'est-à-dire qu'il monte sur des pylônes très hauts pour y installer ou réparer des lignes où passe de l'électricité à très haute tension. C'est dangereux mais excitant comme métier. D'ailleurs mon frère Logan a chopé le virus et fait le même travail que lui, maintenant.

Toute jeune, je suis très proche de mon père. Sur les photos, on est toujours ensemble. À partir du moment où on s'installe à Vallabrègues et où on ne le voit que le week-end, on se détache un peu, lui et nous.

Pour nous, son métier c'est de n'être pas là toute la semaine et de ne revenir que le week-end, de crier sur nous à cause de ce qu'on lui a fait pendant la semaine. On est contents de le voir, mais on sait qu'on va se faire engueuler, surtout que mon père est très strict, il faut travailler à l'école, il faut gagner de l'argent, avoir une vie plus tard.

L'éducation de mon père est ferme. Il ne fait pas rire les mouettes. Il est dur.

Le fait qu'il faille travailler à l'école, ça vient surtout de lui, car lui, il faut qu'il se lève tous les matins à 6 heures, qu'il gagne de l'argent pour nourrir sa famille, qu'il soit toujours en déplacement, qu'il fasse mille kilomètres tous les week-ends pour rentrer et repartir. C'est dur. Il l'accepte sans râler mais c'est beaucoup pour nous qu'il le fait, pour nous aider à vivre mieux. Donc pour lui, il faut vraiment avoir une situation, gagner de l'argent, c'est très important.

Il est parti à dix-neuf ans de chez sa mère et il a dû s'assumer seul. Après quelques années, j'ai pris conscience que, bien que nous nous sentions délaissés, lui le ressentait encore plus que nous, et le vivait encore plus mal car ses enfants ne lui disaient jamais « Je t'aime », ne lui faisaient jamais de câlins. Bien sûr, quand tu ne vois ton père que le week-end, tu ne vas pas lui dire que tu l'aimes, surtout qu'il t'engueule quand il rentre. Mais lui en souffrait, et ça je ne m'en rendais pas compte.

En grandissant, je sais ce qu'il vaut mieux que je demande à ma mère et ce que je demande à mon père. Je vais voir un coup l'un, un coup l'autre. Ma mère est d'accord pour que je m'achète des fringues, tandis que pour mon père c'est non. C'est son côté radin. Il faut dire que lui, il a sué pour avoir un petit peu d'argent, donc il faut économiser. D'un autre côté, avec mon papa, je peux sortir et aller avec mes copines, il m'emmène partout. Je jongle entre les deux. Une fois que l'un a dit oui, ils se débrouillent tous les deux, ce n'est plus mon problème.

Ma mère est fan de l'Amérique. Elle adore ce pays, elle fabule dessus, je ne sais pas pourquoi. À croire qu'elle est restée quillée dans Beverly Hills. Quand les tours jumelles se sont effondrées, limite ma mère s'est effondrée, elle aussi. Elle adore les prénoms américains, ce qui explique les nôtres : Steven, Logan, Bradley, Jessica. Moi, j'ai failli m'appeler Allison ou Kimberley. Mon père pas tellement, mais comme c'est ma mère qui décide, que c'est elle qui nous a portés, c'est elle qui donne les prénoms. Du coup, je m'appelle Jessica Jennifer Thivenin.

Elle ne nous a pas vraiment transmis son amour pour ce pays, même si j'aime les séries américaines, même si j'ai toujours voulu voir Times Square, et que j'ai pu le faire.

Elle a toujours rêvé d'aller en Amérique et surtout à New York. Tandis que j'écrivais ce livre, j'ai décidé de le leur offrir ce voyage. Quand je l'ai annoncé à mes parents, ils se sont mis à pleurer parce que c'était leur rêve de toujours. Pour moi c'est important de pouvoir leur rendre un peu de tout ce qu'ils m'ont donné quand j'étais petite. Je suis heureuse d'avoir pu le faire.

Chapitre 3

MES FRÈRES

Steven

J'avais un frère, Steven, qui est décédé juste avant ma naissance. Il avait dix-huit mois. C'était un accident. Par respect pour le chagrin que cette disparition cause encore à mes parents aujourd'hui, je n'en dirai pas plus.

Du coup, quand je nais, Steven vient de décéder et ma mère veut un garçon, comme pour le remplacer. Elle est donc déçue quand elle me voit naître. Après ça finit par passer, mais ça a été très long à cicatriser pour ma mère.

Je ne peux pas trop parler de Steven, ce n'est pas possible, ma mère n'est pas bien, elle pleure, chaque fois. Elle m'a expliqué une fois ce qui s'était passé. Depuis, je n'en parle presque jamais avec mes parents, je ne veux pas remuer le couteau dans la plaie, mais je sais qu'ils le vivent très mal.

Logan

Logan a trois ans de moins que moi. Il est né dans le même hôpital que moi à Tarascon et nous avons grandi ensemble dans la caravane de nos parents. C'est vraiment mon acolyte, on joue tout le temps ensemble, on s'entend vraiment bien.

Il rentre à l'école quand nous nous posons à Vallabrègues. Nous sommes tous les deux dans la même cour de récréation. C'est mon petit frère, je le surveille, je m'occupe de lui, je suis contente. Je suis un peu sa protectrice.

Je m'entendais très bien avec lui quand on était petits. Après, on a eu des différends, on s'est bagarrés pendant l'adolescence, quand je suis rentrée au collège, car je me la « pétais », comme il disait. Même si on s'est beaucoup chamaillés, on s'est toujours réconciliés aussitôt.

Lui non plus n'était pas trop au top, côté scolarité. Il a redoublé deux fois le CP et la 6e.

Aujourd'hui Logan fait le même métier que notre père, il est tout le temps en déplacement et répare les lignes à très haute tension. Il est très débrouillard, il est parti à dix-huit ans de la maison. Il s'est acheté son appartement, sa voiture, a passé son permis moto, il a suivi un entraînement de parachutiste. Je suis fière de lui. Il adore les sensations extrêmes. Adolescent, il est un peu solitaire aussi et très proche de la nature. Il fait beaucoup de vélo, de balades à moto, il aime bien être à l'extérieur.

Dans ses relations amoureuses, c'est un type bien, honnête et loyal. Et ça, ça me fait plaisir. Il est réservé, timide, mais c'est vraiment quelqu'un de bien. Si je ne lui pose pas de questions, il ne me dira rien sur sa vie. Mais moi j'aime savoir comment il va et s'il est heureux.

Comme je suis fière de lui, je n'ai pas hésité à le montrer avec moi sur les réseaux sociaux, à vous le présenter. Du coup, beaucoup d'entre vous le connaissent et c'est un garçon qui gagne à être connu.

Lui qui n'aime pas trop ça a accepté de sortir avec moi en boîte de nuit et même à un booking. Ça m'a fait plaisir car je savais bien qu'il le faisait surtout pour moi. Je l'ai même emmené plusieurs fois en boîte avec Thibault, Djamel, et même avec Bradley, alors que je n'y étais pas pour des bookings. Juste pour le fun. J'ai adoré être en boîte avec mes deux frères, mon meilleur ami et mon mec. Les hommes de ma vie, quoi.

Bradley

Bradley naît en 1999, il est plus jeune que Logan et moi. Nous sommes contents de l'avoir quand nous sommes petits, on aime bien jouer avec lui.

Un peu trop même car un jour on a failli le tuer. Enfin, je ne sais pas si c'est vrai, mais en jouant à faire l'avion sur le lit avec lui, il est tombé par terre. Il est devenu tout bleu, ses lèvres ont gonflé, il n'arrivait plus à respirer. J'ai hurlé. Ma mère arrive, me hurle dessus. Petit à petit, il reprend ses esprits. On nous dit qu'il ne faut pas qu'il se rendorme, qu'il faut le surveiller. Alors on l'a surveillé minutieusement toute la journée et toute la nuit. Le lendemain, l'alerte était passée. Ça m'a vraiment traumatisée. Moralité : ne pas jouer avec les bébés ou les enfants à des jeux dangereux.

Plus tard, quand j'étais au collège, il est devenu un peu relou pour moi. Moi j'avais mes propres délires d'ado et plus envie de m'occuper de lui ni de jouer avec lui.

Mais un jour, quand Bradley avait treize ou quatorze ans, il me dit carrément qu'il a envie de mourir, qu'il n'est pas bien intégré dans la famille. C'est là que je prends conscience qu'on ne s'occupe pas trop de lui, qu'on le délaisse un peu et qu'il se sent un peu seul. Je dis à Logan qu'il faut qu'on fasse attention à Bradley, car il n'est pas bien.

Quand je commence la télé, c'est encore pire pour lui. Il se renferme sur lui-même, plus de copains à l'école, parce que les gens ne veulent que lui parler de moi, il est très seul. Il me dit que sa place n'est pas ici. En plus, en 2016, mes parents le mettent dans un internat où il est encore plus malheureux. Quand je prends conscience de l'importance de son mal-être, j'en parle avec mes parents, je fais tout pour le sortir de son internat car il m'appelle en me demandant que je le sorte de là, qu'il n'en peut plus. Au début, mes parents ne veulent pas, car ils ont payé pour l'année, et l'argent pour mon père, c'est important. Finalement, ils m'écoutent car je suis l'aînée et qu'ils m'écoutent souvent. Du coup, comme je lui ai offert sa voiture pour ses dix-huit ans car j'avais gagné suffisamment d'argent pour me le permettre et que c'était important, il est resté dans la même école, mais il n'y est plus pensionnaire. Il est trop content. Depuis, il m'a remerciée de l'avoir aidé à partir de là. Maintenant il a sa liberté, il est mieux.

Il est à fond dans le « trading ». À quatre ans, il est déjà sur l'ordinateur. Il apprend l'anglais à dix ans. Aujourd'hui, il le parle couramment. Il est un peu hippie baba cool. C'est un geek, il est complètement déconnecté de mon monde à moi, quand il essaie de m'expliquer ce qu'il fait, pour moi c'est du chinois. Mais je l'aime.

Aujourd'hui Bradley a un travail stable dans lequel il s'éclate et tout le monde est super content de son travail. Il a maintenant son appartement et vole de ses propres ailes.

Je suis fière de lui.

Tout ensemble, tous ensemble

Avec mes frères, j'ai fait six ans de solfège, deux ans de piano et un an de guitare. Le piano, c'était trop difficile pour moi, je ne suis pas douée avec mes doigts. La guitare, c'était à cause de la série *Hélène et les garçons* ! Mais le plus marrant c'était la batterie. Logan et moi avons tellement insisté que nos parents ont fini par nous offrir une batterie quand on était un peu plus grands. Nous on s'est éclatés, on était morts de rire avec notre batterie ; mais on faisait un tel vacarme dans la maison que mes parents l'ont virée et on a dû arrêter.

J'ai fait de la danse classique et modern' jazz, aussi. Pendant huit ans. J'avais un très bon niveau parce que j'étais souple et que je travaillais bien, je m'appliquais, j'apprenais bien. Ma prof était très fière de moi et me faisait faire des chorégraphies en solo. Quand on faisait des spectacles à l'école à la fin de l'année, j'avais souvent un rôle où j'étais seule en scène et ça me plaisait beaucoup. J'étais contente.

J'ai fait du tennis, aussi, pendant deux, trois ans avec mes frères, au début du collège. Mais ça me saoulait d'aller chercher les balles. Et puis je préférais sortir avec mes copines.

En fait, je me rends compte que je faisais tout avec mes frères, quand j'étais petite ; on était très famille, déjà.

Aujourd'hui, ce qui est vraiment super c'est que nous nous entendons tous bien, mes frères, mes parents et moi. Mes frères s'entendent bien entre eux aussi. Je crois que nous n'avons jamais été aussi fortement soudés les uns aux autres qu'aujourd'hui. Je pense que le fait que je fasse de la télévision a fait que mes parents m'ont regardée un peu différemment. Avec un peu de fierté, peut-être, et du coup ils m'écoutent plus qu'avant. Comme moi j'aime que nous soyons tous proches, en harmonie les uns avec les autres, j'ai utilisé toute mon influence sur mes parents et mes frères pour y parvenir.

Honnêtement, je crois que ça tient au fait que j'ai réalisé, le jour où j'ai entendu ma mère pleurer (je vous en parle un peu plus loin), qu'une famille ça s'entretient, ça se cajole, ça se nourrit pour que ça vive et que ça produise du bonheur et puis aussi, et surtout sans doute, au fait que ma mère a toujours été le pilier de cette famille, qu'elle a assuré grave pendant toute notre enfance, qu'elle n'a jamais baissé les bras et qu'elle nous a bien élevés et soutenus.

Je sais bien que le fait que j'habite loin d'eux maintenant n'est pas facile, ni pour moi, ni pour mes parents et encore moins pour mes frères. Ils sont encore très jeunes et nous avons tellement toujours vécu tout ensemble que de me sentir loin comme ça, c'est dur. Moi je pense à eux tous les jours et on se parle régulièrement.

Chapitre 4

L'ÉCOLE

À l'école de Vallabrègues, je suis déjà un « boulet ».

À la sortie de la première journée de CP ou CE1, j'arrache les cheveux d'une de mes copines. Les parents nous séparent souvent devant le portail parce qu'on a des désaccords, je ne sais plus lesquels.

Vallabrègues, c'est cool, j'ai plein de copains. Il y a un groupe de filles qui sont un peu mes ennemies, un groupe de pétasses de la classe, comme au collège, il y en a toujours, même à la maternelle. Mais je ne déteste personne. Simplement, je ne veux pas qu'on me marche dessus ou être la tête de Turc de quiconque. Mais au final, je m'entends bien avec tout le monde.

Seulement l'école, c'est vite horrible pour moi. Dès le CP. Je suis dyslexique ; j'inverse les lettres. Quand il est écrit « il est beau », je vais lire « le lit est beau ». Or, le CP c'est là qu'on apprend à lire et à écrire. Pour une dyslexique, c'est un cauchemar. Du coup, mon professeur de CP ne veut pas s'occuper de moi, il n'en a un peu rien à foutre. Je suis au fond de la classe à faire du coloriage.

C'est là que je perds du terrain dans ma scolarité. Je ne suis pas au même niveau, je finis par redoubler.

Pour le CM1 et le CM2, je vais à l'école de Saint-Pierre-de-Mézoargues, un autre petit village provençal qui se trouve encore plus près de notre mas que Vallabrègues. C'est une classe avec tous les niveaux, et une seule professeure. C'est très bien, c'est une petite école, il n'y a pas grand monde.

Chapitre 5

LE COLLÈGE

J'ai toujours été nulle à l'école, mais c'est au collège que je commence à complètement décrocher.

Je suis au collège René-Cassin à Tarascon. J'adore mes copines et j'adore discuter ; qu'est-ce que j'aime bavarder ! En cours, je pourrais prendre un café et raconter ma « life » à ma copine, sauf que les profs, toutes les deux secondes, me disent : « Jessica, tais-toi ! »

Le côté scolaire ne me plaît pas. Je n'aime pas apprendre les mathématiques, je n'y arrive pas, car je ne sais pas calculer. D'ailleurs je ne sais toujours pas mes tables de multiplication ! La calculatrice de mon portable est ma meilleure amie, du coup. Si je n'ai plus de batterie, je suis fichue, je suis au bout de ma vie !

Le français, c'est trop dur pour moi. Le moment le plus pénible, c'est quand la prof me demande : « Jessica, tu vas au tableau et tu vas lire à l'oral. » Je me rappelle trop cette bouffée de chaleur qui monte dans tout mon corps. Je ne peux pas lire à haute voix parce que je ne sais pas ; je vais faire une faute à tous les mots car je suis dyslexique.

Je suis très douée en arts plastiques et en sport, par contre ! Ce sont ces deux matières qui font remonter ma moyenne. Pourquoi j'aime les arts plastiques ? Peut-être parce que je peux faire tout ce que je veux sur une feuille. J'exprime ma créativité, je ne suis pas contrainte ni par les chiffres, ni par les lettres.

Pendant cette période, la seule chose qui me plaît, c'est d'aller dormir le week-end chez mes copines. On sort par la fenêtre, alors qu'on n'a pas le droit. Nous rejoignons des copains, des copines pour aller traîner le soir. J'aime bien être dehors avec mes amis. L'après-midi, on traîne dans les rues de Tarascon, soit nous nous baladons, soit nous nous rejoignons devant le collège, soit nous allons chez une copine.

Je ne fais pas attention à mon apparence, à mon image. Je ne suis pas la bombe du collège, mais ça va. En plus, je me fiche de ce que les gens pensent de mon look, de mon apparence, de mes fringues.

Parfois j'y vais en pyjama, parce que je ne veux pas avoir une absence injustifiée et que je me lève trop tard. Je mets deux Converse différentes, une rose et une noire, parce que je n'ai pas trouvé les autres dans ma chambre. Je m'installe au fond de la classe, tranquille. Comme je vous l'ai dit, je ne me sens pas facilement gênée.

Ma grande passion au collège, c'est de faire des conneries. C'est aussi au collège que j'ai fumé ma première cigarette, juste pour faire comme les autres, me donner un style, un genre. Qu'est-ce que je regrette ! C'est une véritable connerie. Aujourd'hui j'ai arrêté de fumer depuis le début de l'année, mais qu'est-ce que ça a été dur. Si vous n'avez jamais fumé, surtout ne commencez pas !

J'arrive un jour avec une bouteille de mousse à raser, avec laquelle j'arrose tous les gens dans la cour de récréation pour rigoler. Direct dans le bureau du directeur !

Un jour, en 3ᵉ, mes potes et moi rapportons un cubi de cinq litres de Desperados à la rentrée de janvier pour faire la fête à l'école. Nous voulons fêter le jour de l'An dignement. Évidemment, c'est moi qui me fais prendre par le pion, dans la cour de récré. Du coup ils m'envoient à nouveau dans le bureau du directeur qui me demande de balancer mes collègues[1]. Tout aussi évidemment, je refuse. Je ne suis pas une balance. Le directeur veut même appeler les gendarmes ! Finalement, je suis virée pendant un mois. Je me fais défoncer par mes parents qui ne veulent pas que je boive de l'alcool. Le collège, je le subis.

Je ne veux pas me lever le matin pour aller au collège. Du coup, avec ma mère, c'est horrible le matin. Le pire moment de ma vie, c'est quand elle arrive dans ma chambre et qu'elle dit, bien fort : « Allez on se lève ! » en ouvrant la fenêtre, les volets. Le soleil m'éblouit, je suis aveuglée. Elle n'en a rien à faire, alors que moi, je veux mon petit réveil tranquille mais elle, elle ne veut pas, elle ne nous réveille jamais doucement. Ça me fait péter les plombs.

Donc certaines fois, je décide de ne pas sortir du lit. Le directeur appelle chez moi. « Elle est où, Mlle Thivenin ? »

1. Chez nous, en Provence, un « collègue », c'est un copain, un ami.

Ma mère : « Je vous la passe, elle est couchée, elle va vous expliquer. » Du coup, au téléphone, j'explique au directeur que je suis fatiguée et que je n'ai pas envie d'aller à l'école. Il s'en fout et m'engueule. C'est fou d'avoir le principal au téléphone à domicile ! N'empêche que j'ai dû me dépêcher pour filer à l'école parce qu'il n'était pas content, mais alors pas du tout !

Le principal du collège m'apprécie, au fond. En revanche, mon professeur principal et prof de maths, en 3e, me dit très clairement que je ne ferai rien de ma vie, que je ne suis bonne à rien. Il me met un peu plus bas que terre. Aujourd'hui, j'ai envie de lui dire : « Tu vois comment tu avais tort ! »

Je ne me sens pas non plus super intelligente, je ne dis pas le contraire, j'ai toujours su que je n'étais pas très cultivée, mais après, qu'un prof me dise ça, je trouve ça nul. On n'a pas le droit de dire à un enfant ou à un ado qu'il n'arrivera jamais à rien. Les gens ne savent pas ce qu'on va devenir. C'est important de ne pas casser la confiance chez des jeunes. Déjà qu'on n'en a pas beaucoup à ces âges-là !

Le principal adjoint, je lui fais la misère. Il me plaque contre le mur, il me soulève et me dit : « Tu baisses les yeux quand je te parle. » Moi : « Ben non ; ma mère elle m'a dit de regarder les gens en face. »

Une fois, je prends même les clefs d'un professeur qui me gonfle. Il me colle tous les mercredis jusqu'à la fin de l'année et il laisse son trousseau avec toutes ses clefs de maison, de voiture et de classe sur sa table. Je le prends et je le jette dans les poubelles pour qu'il galère pour rentrer chez lui, le soir. Je me dis : « Il a voulu me faire ch… tous les mercredis jusqu'à la fin de l'année et bien ce soir, c'est lui qui va en ch… »

Je les respecte, mais je leur fais la misère. Eux, ils m'aiment bien, sauf quand j'abuse.

C'est aussi pendant que j'étais au collège que ma mère accepte enfin que j'aille chez le coiffeur, me faire faire des mèches, tout ça. J'étais trop contente. Un jour je me suis fait faire des mèches rose fuchsia. On ne voyait que moi dans la cour de récré ! Bon, c'est vrai que c'était un peu osé. C'était n'importe quoi ! Je ne pense pas que je le referai un jour.

À la fin du collège, j'ai un bulletin nul. Je sors de 3ᵉ, j'ai 4/20 de moyenne. Comme si ça ne suffisait pas, je loupe mon brevet des collèges car je dors sur la table.

Le professeur me dit qu'il faut que je choisisse une orientation. À quinze ans. Mais moi je ne sais pas trop laquelle. Je pense à être coiffeuse, mais je me dis que je ne peux pas aller dans une école, que ce n'est pas possible avec mes notes. Je ne sais pas quoi faire.

Chapitre 6

L'INTERNAT

Je pars donc en internat, parce que mes parents ne supportent plus mes conneries.

Ma mère y est allée, petite. Elle n'a pas été élevée par ses parents. C'était une éducation à la dure et elle se dit que ce serait pareil pour moi, que je filerais doux et que ça me ferait du bien.

Au début, je pleure, je ne veux pas y aller, c'est l'enfermement.

En fait, je finis par kiffer grave l'internat.

C'est la Maison foyer rural (MFR) à Saint-Étienne-du-Grès, dans les Bouches-du-Rhône. L'éducation dans cet internat est très différente. C'est un ancien mas avec des Algeco pour les salles de classe. C'est plus campagnard, c'est cool, j'aime bien.

J'y passe un certificat de formation générale (CFG) avec une très bonne moyenne.

J'avais peur de quitter Tarascon parce que j'étais bien intégrée au collège, que tout le monde me connaissait. À la MFR, en fait, c'est vite devenu la même chose.

Je trouve rapidement ma place dans l'école. Je traîne avec des mecs comme moi. C'était moi qui choisis ma chambre, qui décide ce que je veux.

En fait, c'est l'année que j'ai préférée de toute ma jeunesse. J'y ai aussi fait les quatre cents coups. Je me suis retrouvée plusieurs fois collée à nettoyer les cuisines. La nuit je bavardais, comme d'habitude, vous me connaissez. Alors le pion, qui reconnaissait ma voix alors qu'il était pourtant en bas de l'immeuble, quand il en avait marre, me faisait descendre et faire du sport de nuit. Je faisais du saut d'obstacles, de la course, des pompes. Je peux vous dire que, quand je remontais dans le dortoir, je ne disais plus rien.

Mais l'atmosphère était vraiment géniale. On avait limite pas envie de rentrer chez nous le week-end. C'était une atmosphère quasiment familiale. On s'entendait tous bien, pas de tension entre nous.

Les profs étaient super cools eux aussi et du coup, même si c'était un régime un peu dur, genre lever 6 heures, extinction des feux 22 heures, c'était quand même un vrai kif d'y passer tout notre temps.

Chapitre 7

L'APPRENTISSAGE DE LA COIFFURE

Grâce à mon internat à la MFR, je fais des stages dans des salons de coiffure et là j'accroche tout de suite. Je veux être coiffeuse, j'en ai marre d'aller à l'école.

Je vais donc dans l'École privée des arts de la coiffure et de l'esthétique, à Avignon. Là, ça se passe à la fois très bien et pas très bien. On dirait que j'aime bien faire la révolution un peu partout. Je me fais parfois virer, mais j'aime ce que je fais.

J'adore aller aux cours pratiques, mais les cours théoriques m'intéressent quand même, car j'apprends le poil, le follicule pileux, les pores, le muscle arrecteur, les glandes sébacées, tout ça m'intéresse car ça parle du cheveu.

Pour la pratique, je suis l'une des meilleures de ma classe. Quand il faut faire un exercice sur la tête de mannequin qu'on appelle « tête malléable », je mets des bigoudis parfaitement alignés ou je fais une permanente nickel par exemple. Là je m'éclate et mes profs sont très contents. Du coup, je prête ma tête malléable à mes copines, pour qu'elles aient de meilleures notes.

J'ai toujours été douée pour la coiffure, ça m'a plu tout de suite. Je coupais les cheveux de ma mère à quatorze ans. Je m'inventais, je me rêvais coiffeuse. Je regardais comment faisaient les coiffeurs. Et je demandais à ma mère de me prêter sa tête, en lui disant : « Je sais comment on fait ! » Ça ne ressortait pas forcément comme je le voulais, et encore moins comme elle le voulait, mais c'était coupé ! L'envie d'un métier, c'est quelque chose de particulier. Moi, ça m'a prise toute petite.

Plus tard, je passe mon CAP et mon BP de coiffure, sans difficulté, en deux ans chaque fois.

Je cherche un salon où faire mon BP et je tombe sur ce patron de salon de coiffure à Fontvieille. Je l'aime trop ce patron, je l'adore, c'est comme quelqu'un de ma famille. Il s'appelle Jean-Pierre M. Il est trop gentil, je ne me gêne pas pour lui dire tout ce que je fais parce que j'ai confiance en lui et qu'il a confiance en moi.

Je ne suis pas l'employée modèle, quand même. Par contre je fais bien mon travail et j'adore la coiffure. Il me laisse gérer la caisse, les clients, car il sait que je suis profondément honnête. Du coup, j'ai beaucoup d'autonomie et ça me convient très bien.

Il m'embauche en CDI. Je reste quatre ans dans son salon, deux ans de BP, puis deux ans en CDI. J'ai toujours travaillé beaucoup. Jamais d'arrêt maladie, même quand j'avais eu un accident de la route en allant travailler car il neigeait ! Pour moi on ne se met pas en arrêt maladie. On ne s'arrête que si vraiment on est très malade. Les clients, les autres employés, les patrons comptent sur nous. On ne les laisse pas tomber sauf cas de force majeure.

Du coup, mon patron me chouchoute. Il me rapporte des petits cadeaux, il est toujours très gentil et reconnaissant. Une fois, il y a un client qui me gonfle et je lui dis que je ne finirai pas sa coupe, mon patron ne me gronde pas et il va la finir. Il est très cool avec moi. Professionnellement, je suis très bien. Je lui dois beaucoup.

C'est lui qui me dit que je ne peux pas être coiffeuse toute ma vie. Je suis sa coiffeuse, mais pour lui, j'ai tout pour réussir, pour être connue car il trouve que j'ai une forte personnalité. Alors il me dit qu'il faut que je me fasse confiance, que mon destin est ailleurs. Et comme il croit en moi, c'est lui qui va carrément chercher des castings pour moi et me conseille de faire des séances de photos. On appelle ça des « shootings ». Je réalise très vite que j'aime bien les shootings photos, je m'y sens très à l'aise. Alors je poste les meilleures photos sur un site internet dédié et, comme vous le verrez, ça va changer beaucoup de choses dans ma vie.

Plus tard, je réaliserai mon rêve en créant le salon de coiffure « J&J Beauty » avec Julie Cadière, mon amie de toujours. Le salon marche bien, Julie s'en occupe très bien et j'y vais aussi souvent que je peux. C'est très rassurant pour moi de savoir que ça, je l'ai vraiment construit moi-même avec tout ce que j'ai : mon goût pour la coiffure, les sous que j'ai mis de côté et mon amitié avec Julie.

Chapitre 8

MON ADOLESCENCE

J'ai toujours été leadeuse et rebelle. Je ne suis pas méchante avec les gens mais il est hors de question que je me fasse marcher dessus.

Je déteste qu'on se moque et je prends la défense des gens qui se font bousculer. Je n'ai jamais peur, je repousse toujours les limites, je ne veux en faire qu'à ma tête.

C'est ma vie, je suis née dans ce corps, je fais ce que je veux de moi. Personne ne peut me dire quoi faire.

Adolescente, j'ai ce côté rebelle, mais je rigole de tout, je ne me prends pas la tête, c'est tout à l'autodérision. Je m'en fous de ce qu'on va penser de moi. Je veux vivre comme j'ai envie de vivre. Je fais rire à mes dépens, mais je ne me moque pas des autres.

Plus jeune, on me disait : « Toi, tu vas être connue, tu es trop marrante ! » Les gens s'éclatent avec moi, je sors des conneries toutes les trois secondes. Ils rigolent tout le temps, je suis toujours la bonne humeur, la joie de vivre, l'insouciance.

Je ne me rends pas vraiment compte de ce qu'est la vie non plus. Au collège, je passais mon temps à appeler mes copines. Je prenais le téléphone de ma mère, celui de mon père, celui de la maison. Peu importait du moment que je pouvais téléphoner. Un jour, le total des factures de téléphone sur la période dépassait 1 200 euros. J'ai pris une énorme gifle. Je n'avais pas du tout réalisé que j'avais dépensé un mois de salaire de mon père en téléphone.

Mes parents, je leur menais la vie dure, mais quand je me suis rendu compte que je leur faisais du mal en leur parlant mal, ça m'a fait un déclic.

C'est arrivé un jour où j'avais crié sur ma mère. Je crois même que je lui avais balancé des œufs. Elle est partie dans sa chambre. En passant devant sa porte, je l'ai entendue qui pleurait toute seule. Ça a été comme un déclic. Tout de suite, j'ai voulu m'excuser. Ça me faisait de la peine. Là, je me dis que j'arrête de ne pas respecter les gens, que plus jamais je parlerai mal à ma mère ou lui balancerai des insultes. J'arrête, c'est ma mère quand même.

Toute ma vie je m'en souviendrai, je ne pourrai jamais oublier. Je regrette terriblement. Ça m'a fait une douleur terrible.

À partir de ce moment-là, j'essaie de m'intéresser plus à la vie de mes parents. Avant, ils me racontaient leurs anecdotes et je m'en foutais, je n'en avais rien à faire. Je ne pensais qu'à ma gueule. Je ne connaissais pas leur vie. Ça a été comme ça jusqu'à ce jour où je me rends compte que ma famille, c'est ce qu'il y a de plus important au monde.

On avait oublié de se dire l'affection qu'on a les uns pour les autres, il n'y avait plus de communication, on ne partageait plus rien ensemble à part les repas. Limite le premier qui quittait la table, il était content d'être dans sa chambre. On vivait sous le même toit, mais il n'y avait plus de dialogue.

Du coup, j'ai essayé de remettre de l'affection dans la famille. Tous les matins, on fait un bisou à papa et maman, ce que l'on avait perdu l'habitude de faire en grandissant. Comme je suis la plus grande, mes frères m'écoutent et font la même chose. Ce que j'ai fait avec mes parents, je ne veux pas qu'ils le reproduisent, eux.

Mon père est gentil. Il adore raconter ses histoires, il se met en contexte, il raconte la situation, il explique, il bouge, il fait les deux personnages. Du coup, il faut l'écouter, mais pour mon frère Logan, c'est un peu pesant. Il faut dire qu'il vit avec lui, il travaille avec lui, il mange avec lui, il dort avec lui. C'est parfois compliqué pour Logan.

Une fois, on faisait la fête et je leur ai dit que c'était évident qu'ils s'aiment et je leur ai demandé de se le dire. Ça m'a fait plaisir que mon frère le dise à mon père. Des mots plus affectueux, ça n'existe pas.

J'avais envie qu'il y ait de l'amour dans notre famille. Je voulais ça. Je le ressentais, mais je n'arrivais pas à l'exprimer. Aujourd'hui, j'ai le sentiment d'y être parvenue et ça me rend très heureuse.

Chapitre 9

LA PROVENCE

Ma notoriété, je la dois aux *Marseillais*, mais moi je suis provençale, ce n'est pas tout à fait pareil. Les gens disent : « C'est *Les Marseillais*, mais tu viens de Tarascon ! Ce n'est pas Marseille ! » Ils n'ont pas tout à fait tort. Marseille est en Provence, mais la Provence ce n'est pas que Marseille. Pour moi c'est plutôt la Provence des toros, des ferias. C'est plus Arles que Marseille, plus le Rhône que la Méditerranée. J'aime vraiment cette région. Les traditions autour du cheval et des toros sont anciennes, comme les abrivados, les encierros, la charrette de Saint-Benoît, etc. D'ailleurs il y a une photo de moi en Arlésienne que j'aime beaucoup.

Quand j'étais plus jeune, que je n'avais pas encore fait *Les Marseillais*, je rêvais de racheter le mas de mes parents parce que je savais qu'ils étaient un peu pris à la gorge, côté argent.

C'est en partie pour ça aussi que nous déménageons à Tarascon, parce que le mas de Vallabrègues, c'est beaucoup d'entretien, de travaux, etc. C'est très dur.

Je me disais qu'un jour je le rachèterais, si je gagnais suffisamment d'argent, parce que mon père a toujours voulu y retourner, ne fût-ce que pour voir ce que les gens avaient fait dedans. C'est son mas, la maison de son adolescence ; il a grandi là-bas. C'est la maison de ma grand-mère.

Aujourd'hui j'ai changé d'objectif. Maintenant je voudrais acheter une belle maison quelque part avec mes parents à côté de moi. Je ne sais pas encore où.

Mes parents ne peuvent pas quitter la France, sinon je les aurais fait venir à Dubaï, mais ils ne parlent pas un mot d'anglais. Je ne peux pas les changer de pays directement, mais plus tard, j'aimerais avoir ma famille à côté de moi, acheter une maison en sachant que la maisonnette à côté, c'est celle de mes parents, avoir toujours un œil sur eux comme eux l'ont eu sur moi.

Quoi qu'il arrive, ce sera dans le sud de la France car j'aime trop ces paysages, ces accents, ce soleil et le bleu du ciel de mistral.

Chapitre 10

LES PREMIERS AMOURS

Comme tout le monde, je crois, j'ai flashé sur un garçon à la rentrée au collège. Je le regardais avec les yeux de l'amour. On était toutes gnangnan, comme toutes les gamines à cet âge, je pense. Chacune avait un garçon qu'elle kiffait et on en parlait pendant des heures. Pendant tout le collège ce garçon n'en a rien su. Je suis sortie avec lui brièvement, plus tard, mais ça n'a mené à rien.

En revanche, mon premier chéri au collège s'appelle F.

À l'époque je ne sais même pas dans quel sens tourner la langue pour embrasser quelqu'un. On a beau avoir tous regardé des films où les gens s'embrassent, on ne sait pas comment faire et la première fois, on ne peut pas dire que ça ressemble à un film !

Puis on se sépare et je me mets avec un autre garçon du collège, avec qui je reste quelques mois. Il n'est pas beau, physiquement, ce n'est pas le beau gosse du collège, mais c'est quelqu'un avec qui je m'entends bien, avec qui je peux rigoler, avec qui j'ai de la complicité, quelqu'un de très gentil avec qui j'ai de bons délires. Pourtant les gens se disent : « Mais qu'est-ce qu'il fout avec elle, il n'est même pas beau ! » Mais moi, je sens que nous sommes sur la même longueur d'onde. Il s'appelle V.

Je passe six mois avec lui. C'est avec lui que j'ai mon premier rapport sexuel à quinze ans. À cet âge-là, on ne sait vraiment pas comment faire ; quelle angoisse !

Après on se sépare, je ne me souviens plus pourquoi. Ça se finit comme ça, à l'amiable, pas de disputes, c'est juste qu'on n'est plus ensemble.

V. c'est un amour, mais pas un premier amour.

Mon premier amour, c'est C. Je le rencontre l'été de transition entre le collège et l'internat. Là, c'est vraiment de l'amour. Un amour fou, qui m'a marquée.

J'allais souvent dormir chez lui, chez son père à Beaucaire. Il faut que vous sachiez que ce coin-là de la Provence, c'est la Provence taurine. Il y a toujours des taureaux. Les grandes corridas, c'est pour Arles et Nîmes, mais dans chaque village, il y a des fêtes avec des taureaux. C'est une tradition très ancienne et que j'aime beaucoup.

Son père était passionné par le monde taurin et il avait transmis sa passion à son fils, alors on passait beaucoup de temps avec les taureaux. J'avais une vie de campagnarde, j'allais embouler les jeunes taureaux dans les torils ou j'allais dans les manades pour les attraper avant de les faire ferrer lors de ferrades. Nous allions à tous les encierros, les abrivados, toutes les ferrades.

Je reste un an et demi avec lui, dans ce monde-là. Il est un peu plus vieux que moi, un an de plus peut-être. C'est l'époque où nous traînons en scooter, on n'a pas de voiture. J'ai seize, dix-sept ans. Je suis très amoureuse de lui et lui aussi est très amoureux de moi.

Mais il ne veut jamais sortir ; il n'a pas d'amis en dehors du monde taurin. La seule chose que nous faisons, c'est le monde des taureaux.

Moi je veux sortir avec mes copines, aller au resto ou en boîte de nuit, mais lui ne l'accepte pas. Je n'ai pas le droit de mettre des robes non plus. Il faut que je mette des joggings, des baskets. Il est très jaloux. C'est sûrement de la possessivité.

C'est aussi à ce moment-là que je rencontre Julie Cadière, ma meilleure amie, sur le quai de la gare à Tarascon. Nous prenons le train ensemble pour aller à l'École privée des arts de la coiffure et de l'esthétique et tout de suite, nous devenons très proches.

Elle est esthéticienne, moi coiffeuse. Elle est en couple, moi je suis avec C., mon mec qui ne sort jamais, mais j'ai envie de sortir et elle aussi.

Un jour, on sort toutes les deux et C. ne l'accepte pas. Il part sans me prévenir de la maison alors que je vis avec son père et lui les trois quarts du temps.

Du coup je fais la belle. Je prends mes affaires en me disant : « Tu es parti sans me prévenir, je rentre chez moi. » J'ai posé la clef et je suis partie.

Je pense qu'il va me rappeler, mais ça ne se passe pas du tout comme ça. Le soir même, il m'envoie une photo de sa nouvelle copine. « Tu as voulu partir, c'est terminé ! »

Je pleure, « Je regrette, pardon, je ne voulais pas partir, pourquoi j'ai fait ça ? » Je pleure toutes les larmes de mon corps, je suis en dépression, je suis au bout de ma vie. Je pleure dans la rue sous la pluie, je n'arrive pas à m'en remettre. Je prends des Doliprane, pour m'endormir et ne plus me réveiller.

C'est mon premier amour et lui, il m'envoie la photo de sa nouvelle copine, je crois que c'est une blague. Non, c'est très sérieux, d'ailleurs il va rester plusieurs années avec cette fille.

Du coup, j'ai fait de l'anorexie. Je n'arrivais plus à manger. Je ne pesais plus que 45 kilos. C'est mon amie Julie qui va m'aider à m'en sortir en me redonnant envie de manger des pâtes !

Une fois que je me suis un peu remise de ce chagrin, je dis à Julie : « Viens, on sort, je suis célibataire. » À partir de là, Julie et moi sortons tout le temps en boîte de nuit, on s'éclate. Ce sont parmi les meilleurs moments de ma vie, à mes dix-sept, dix-huit ans. On se régale, on kiffe trop notre vie. Elle, du coup, se sépare de son copain qui ne supporte plus que je sois la copine célibataire avec qui elle a envie de sortir. Ils se séparent en bons termes.

Chapitre 11

MATT[1]

Un soir, lors d'une soirée où je vais avec Julie, je croise ou plutôt je recroise Matt.

Je le connais de vue du collège. C'était un peu le dur du collège, un peu rebelle, lui aussi. Il s'est fait virer plusieurs fois. Il a même été en foyer.

Je suis contente de le retrouver dans cette soirée et par la suite, on se met ensemble.

Je suis bien avec lui. J'aime bien son côté un peu révolté, j'aime bien les « bad boys » qui ont du caractère et qui ne se laissent pas faire.

Matt habite à Boulbon. Je vais chez ses parents tout le temps. Tout de suite c'est un coup de foudre. Je l'aime vraiment bien.

Mais il est très jaloux, très possessif. Au début, il me vend un peu du rêve, il travaille. Après une adolescence un peu difficile, il travaille avec son père. Je me dis : « C'est bien ça. »

Seulement, il parle mal à son père, il y a de la violence dans ses paroles.

1. J'ai changé son prénom.

Puis, au bout d'un certain temps de notre relation, c'est avec moi qu'il devient très agressif.

Après les moments de dispute, il regrette, il s'excuse, il pleure. Du coup, je reste. Aujourd'hui je pense que je n'aurais pas dû. La base d'une relation, c'est d'abord le respect de l'autre.

C'est lui qui me propose qu'on vive ensemble. Il veut partir de chez lui. Il me dit qu'il se lèvera le matin, qu'il ira travailler. Les premiers jours où nous vivons ensemble dans l'appartement, c'est ce qu'il fait, mais très vite il ne se lève plus. Moi je suis déjà coiffeuse. Quand je reviens de mon travail le soir, il est dans le salon avec ses collègues. Il n'a pas bougé de la journée.

Il ne fait rien, il n'a pas le permis, il ne fait rien de sa vie, mais je l'aime trop et je n'arrive pas à le quitter. Du coup, je suis énervée et je m'en prends à lui. Et lui à moi. Quand je rentre d'une journée de travail, que c'est le bordel et qu'il y a ses collègues, des canettes de bière sur la table, ça me rend dingue. C'est vraiment relou d'arriver dans ce bazar, donc je lui en veux.

Du coup, on s'énerve, mais je ne me laisse pas faire, car je n'ai pas le tempérament à me laisser faire, et donc ça peut tourner en bagarre, des vitres cassées, des bols jetés en l'air. Bref, ça part en vrille. De plus en plus souvent.

C'est dur, car je quitte cette atmosphère très énervée le matin, pour celle où je suis si bien, au salon de coiffure. Je m'entends si bien avec mon patron, mon collègue de travail. J'y ai une vie normale mais c'est pour retourner après dans une vie pas normale avec Matt, qui ne se lève pas pour aller bosser, s'occuper de la maison ou quoi que ce soit.

Parfois, je n'ai plus d'argent du tout et il faut encore payer 500 euros de loyer, plus l'eau, plus l'électricité, l'essence de ma voiture pour faire les allers-retours tous les jours, la nourriture, les assurances, etc. Quand j'arrive à économiser 20 euros à la fin du mois, c'est le bout du monde.

C'est une vie pas évidente, pas facile. Matt pendant ce temps-là ne gagne pas d'argent, ne fait rien, ne veut pas se lever le matin pour aller travailler avec son père. De temps en temps, il sort de son lit pour aller bosser. Dans ces moments-là, je suis la plus heureuse du monde, mais souvent il m'appelle ensuite pour me dire qu'il était rentré à midi, que ça s'était mal passé avec son père ou au chantier.

Au final, il y a toujours un truc comme ça, mais je n'arrive pas à le quitter car je suis amoureuse de lui et aussi, ou peut-être surtout, j'adore sa famille. Dès que ma tête me dit que je ne peux pas rester avec quelqu'un comme ça, mon cœur dit de rester avec lui.

Pourquoi ? Je me suis souvent demandé pour quelle raison j'étais restée trop longtemps avec certains mecs. Je crois que j'avais des idées un peu toutes faites. Il fallait que je trouve quelqu'un et que je fasse ma vie avec. C'est comme ça, on trouve un mari, on le garde. Donc je me mets avec cette personne et je me dis que je dois le garder toute ma vie, alors que pas du tout en fait… Chaque fois, je me dis aussi que je ne veux pas avoir plein de conquêtes, que je ne veux pas changer encore de mec, de belle-famille.

Je kiffe les moments avec sa famille ; dans mon travail, je rigole bien. Avec lui, je m'entends bien aussi mais dès qu'il s'agit de parler de choses sérieuses, d'argent, de son travail ou plutôt du fait qu'il ne travaille pas, il n'y a plus personne.

Du coup ça ne va plus du tout, on se déchire et on s'insulte, c'est vraiment devenu chaud entre nous. Comme je n'arrive pas à fermer ma gueule, je ne sais pas faire, ça monte très haut dans les tours, ça part en live.

Au fond, ce que je veux c'est partir à l'étranger. J'aime beaucoup Boulbon, Tarascon, mais j'ai toujours su que ce n'est pas la vie que je voulais. Je veux partir à Londres, je veux apprendre à parler anglais. J'y ai fait un voyage quand j'étais au collège et j'ai trop kiffé. C'est une des meilleures villes pour la jeunesse. Vraiment j'adore Londres.

Je dis à Matt que j'ai envie d'aller habiter en Angleterre. Il semble motivé pour venir avec moi ; pourquoi pas ? Il commence à regarder les maisons à louer. Je le vois investi pour la vie que je veux et ça me fait très plaisir.

Du coup, en août 2012, je décide d'accélérer les choses et je quitte mon travail. Je prends mon courage à deux mains et je dis à mon patron que je veux partir. Lui qui me connaît par cœur est dégoûté que je parte, mais en même temps il est content pour moi. Il me propose de me réembaucher si ça ne marche pas pour moi en Angleterre. Je suis tellement contente qu'il le prenne bien et qu'il continue à me soutenir dans ce moment-là !

Si je le quitte, si je vends ma voiture, alors que je n'ai encore rien de prévu en Angleterre, c'est pour prendre les devants, pour nous obliger à partir pour Londres, à nous jeter à l'eau. Je me dis qu'on n'aura plus d'excuses puisque Matt ne travaille pas et moi, du coup, non plus. Je sais que ce sera dur de partir en Angleterre car je n'aurai pas de soutien, mais c'est ce que j'ai toujours voulu faire.

Mais voilà, ce patron que j'aime tant, mon seul patron, meurt d'un AVC peu après que j'ai quitté le salon. Je l'ai très mal vécu. J'étais tellement triste. Je le suis toujours, d'ailleurs. En allant à son enterrement je me suis dit que je n'aurais jamais d'autre patron aussi gentil que lui et donc que je ne voulais plus jamais avoir de patron. Je n'en ai plus jamais eu.

Sa disparition est pour moi une raison de plus pour partir. Plus rien ne me retenait professionnellement à la France, à la Provence.

Mais Matt traîne des pieds, reporte toujours. Il ne dit pas qu'il ne veut pas partir, mais il ne fait rien pour. Mais alors rien du tout. Alors que moi je trouve ça très facile de quitter un travail, de tout vendre et de partir, même si au début tu galères.

Après un épisode très tendu entre Matt et moi, on se sépare car ça ne va plus entre nous. Du coup, je profite de mon nouveau célibat et je pars à Londres avec Julie en février, une semaine toutes les deux dans une auberge de jeunesse.

Là nous nous éclatons, on kiffe trop, je suis bien à Londres. Le premier jour, c'est dur de parler ; le deuxième jour, c'est un peu plus facile ; le troisième, on comprend mieux ; au bout de six jours, j'arrive à demander ma direction, des petits trucs basiques, mais je me débrouille toute seule, car Julie ne parle pas du tout anglais. Même « *Hi* », qui se prononce « Haïlle », elle pense que ça veut dire « J'ai mal », alors que ça veut dire « Bonjour » !

Je me dis que c'est là que je veux être, c'est là que je veux faire ma vie.

Quand on rentre de Londres, Julie va retrouver son mec et me propose de les rejoindre pour la soirée, tout en me disant qu'il y aura Matt. Son mec et lui sont collègues et il lui a dit qu'il s'était beaucoup inquiété pendant mon absence…

Au cours de cette fameuse soirée, Matt me dit qu'il regrette, qu'il a compris que je veux habiter à Londres, qu'il faut qu'il change. Je lui dis que je suis d'accord pour lui donner encore une chance.

À la fin de cette soirée assez arrosée, Matt et moi allons dormir ensemble, sauf qu'il est alcoolisé et le ton commence à monter sérieusement. Ça dégénère vite ; Matt ne se contrôle plus. Julie et son mec sont obligés d'appeler mes parents, de leur dire qu'il faut venir me chercher. Mes parents débarquent à 4 heures du matin. Quand ils arrivent, Matt pète un plomb.

Je monte dans la voiture de mes parents pour qu'ils me ramènent à la maison. Je me dis : « Là, STOP. »

Matt monte dans la sienne et commence à nous suivre. Il ne veut pas me lâcher. Il ne veut pas que je parte. Sur le petit chemin, il roule à toute allure, nous rattrape, essaie de nous doubler mais n'y arrive pas. Le chemin est trop étroit. Dès qu'on arrive sur la route, il accélère comme un fou, nous double et passe devant nous, moteur hurlant.

Et là, c'est l'accident.

Sa voiture tape violemment contre un arbre. Je le vois éjecté de sa voiture et qui retombe sur la tête. C'est horrible. Je hurle.

J'ouvre la portière de la voiture de mon père, je cours vers Matt, il y a du sang partout, il a perdu connaissance, il ne répond à rien. Je me dis que je l'ai tué, qu'on est arrivés au drame qui devait se passer un jour ou l'autre.

Mon père appelle les pompiers. Commencent alors des minutes qui durent des heures avant qu'ils n'arrivent. La voiture est détruite, Matt ne bouge plus. C'est vraiment horrible. Matt saigne, je lui tiens la tête, il y a du sang partout, c'est un vrai cauchemar.

Finalement, les pompiers arrivent, me mettent à l'écart, l'examinent pendant un bon moment. L'un d'entre eux est un ami à nous. Je le regarde éperdument pour qu'il me dise ce qui se passe. Il revient vers moi, me regarde dans les yeux et je lis dans son regard que c'est grave.

À ce moment-là, je fais une crise de tétanie. Je suis paralysée, tous mes muscles tremblent.

J'ai l'impression que j'ai tué la personne que j'aimais, mais que je devais quitter. Je suis au bout de ma vie, je suis le plus mal du monde, alors que mes parents sont venus juste me récupérer pour que ce soit terminé. Mon père m'en veut et me dit que c'est de ma faute.

Mes parents appellent les siens pour leur dire qu'il a eu un accident. Il va être conduit à l'hôpital. En plus, il faut que j'explique à ses parents pourquoi c'est parti en live, car lui est inconscient. Je leur dis juste que nous nous sommes disputés, que j'ai voulu qu'on se sépare. Ils m'aiment bien, ils sont intervenus plusieurs fois pour nous séparer, mais le fait que leur fils soit dans un lit d'hôpital, c'est violent pour eux.

C'est compliqué pour moi d'aller à l'hôpital dans cette situation. Je ne sais pas comment ses parents vont réagir si je débarque. Je culpabilise à mort et me dis que je ne vais jamais pouvoir m'en sortir. Je pense qu'ils vont me détester et m'en vouloir toute leur vie.

Vis-à-vis de lui, je ne sais pas non plus ce que je dois faire, si je dois lui tenir compagnie pendant son séjour à l'hôpital pour ne pas qu'il vrille encore plus ou s'il va péter un plomb contre moi quand il va se réveiller. D'un autre côté, je ne peux pas le laisser, je culpabilise trop. Mais pour moi, il a foncé dans l'arbre exprès, même s'il a toujours dit le contraire. Alors j'y vais.

Il reprend connaissance le lendemain à l'hôpital d'Arles. Il se réveille, il a mal partout, il crie. Il est très en colère contre moi. Là, je comprends vraiment qu'il faut que ce soit fini, terminé, mais je ne sais pas comment.

Je vais régulièrement le voir. Il va de l'hôpital d'Arles à celui d'Avignon, puis à celui de Marseille. Il a fait plusieurs hémorragies cérébrales et les médecins veulent voir si elles se résorbent seules ou s'il faut l'opérer. Alors surveillance constante de leur part… et de la mienne.

On se remet un peu ensemble. Je sens que c'est fini, que cette histoire n'est pas saine, mais je n'y arrive pas…

Après l'hôpital, quand il est en repos chez lui, on se dispute encore, et ça part encore en live. Un jour, au cours d'une de ses crises, il se met des coups dans la tête qui est pleine de points de suture et dit qu'il va dire que c'est moi qui l'ai frappé pour que je paye toute ma vie. Un ou plusieurs points de suture cèdent. Il saigne encore et tombe évanoui.

J'appelle les pompiers, affolée. Ils viennent le chercher chez moi et le ramènent à l'hôpital.

Là, c'est trop et à partir de ce geste, c'est terminé. Cette phrase « Tu vas payer toute ta vie » me marque. Il veut me garder coûte que coûte, même en me faisant du chantage, en me menaçant, en me mettant la terreur.

Je ne peux pas accepter ça, je ne vais pas rester avec un mec qui veut me le faire payer toute ma vie. Et c'est donc là que je réussis à me séparer de lui. Il a fallu quelque chose d'aussi grave pour que je puisse le quitter. Sinon, je ne sais pas comment ça aurait fini.

Aujourd'hui, mes parents sont très amis avec ses parents. Du coup, je sais qu'il a refait sa vie et je suis contente pour lui.

Chapitre 12

DJAMEL

Djamel est très important dans ma rupture avec Matt. Il a une quarantaine d'années. Je le rencontre à travers Julie car ils sortent souvent en boîte ensemble pendant que moi je suis avec Matt. Elle m'a remplacée par lui, en quelque sorte ! Après ma rupture avec Matt, je fais la connaissance de Djamel par elle et on passe beaucoup de temps tous les trois, on sort en boîte, on s'amuse.

C'est Djamel qui m'aide vraiment à me changer les idées, à sortir, à rencontrer d'autres personnes, à arrêter de penser à Matt. Pourtant ce n'est pas une histoire d'amour. C'est un copain, un ami, un confident mais nous ne sommes jamais sortis ensemble. C'est un homme qui me respecte, qui me protège. Je lui dis que je veux partir en Angleterre et, en mai, il me présente à un couple d'amis à lui qui habitent à Londres et qui me proposent de m'héberger chez eux, là-bas quand j'arriverai en septembre. Ça me soulage de savoir que j'ai un endroit où je pourrai me poser en attendant de voir comment ça se passe là-bas. En plus ce sont des amis de Djamel, ce qui est encore plus rassurant.

Je crois que toutes les femmes ont envie d'être respectées, protégées, mais pas enfermées, pas contraintes.

Djamel a une petite fille qui s'appelle Carla. C'est un très bon papa, il s'occupe d'elle la semaine et le week-end, il sort. Djamel est un homme bien, responsable ! Par contre quand il sort avec Julie et moi, il sait faire la fête et sort souvent avec d'autres filles, aussi. Il est toujours très bien accompagné le week-end.

Au début, certains pensaient que j'étais une escort-girl pour lui. Pas du tout, je voulais juste traîner avec mon pote. Il m'apportait, et m'apporte toujours, une relation équilibrée d'amitié alors que j'essayais de m'en sortir avec Matt. Ça m'a beaucoup aidée à ce moment-là, ça m'a changé les idées. Grâce à lui, j'ai pu ressortir en boîte, aller boire un café, kiffer la vie.

Djamel est une des seules personnes qui est là pour moi jour et nuit. Il connaît ma vie par cœur et est toujours de bon conseil. Il ne se gêne pas pour m'engueuler quand il pense que je déconne mais c'est toujours avec bienveillance. C'est comme un grand frère pour moi.

Chapitre 13

JULIEN

Le 28 juillet 2014, je rencontre Julien, quelques mois après que c'est fini avec Matt.

Julie est gogo-danseuse à ce moment-là pour arrondir ses fins de mois. Elle danse, elle adore le monde de la nuit, elle vit en boîte de nuit.

Un jour, elle me demande de l'accompagner à une soirée à Aix. Il y a deux ou trois vedettes de l'émission *Les Marseillais* qui y sont ce soir-là, par hasard. Moi je connais l'émission comme tout le monde et aussi parce que j'ai passé un casting dont je vous parle plus loin. Julie reconnaît l'un d'entre eux, Julien. J'en ai entendu parler, mais c'est tout. Comme Julie est très timide, elle me dit d'aller lui demander de faire une photo avec nous. Moi qui me fous de tout et qui n'ai honte de rien, j'y vais carrément et demande à Julien si nous pouvons prendre une photo avec lui. Aujourd'hui, sachant que j'étais peut-être la centième personne à le lui demander, ce que je ne pouvais pas imaginer à l'époque, je ne l'aurais peut-être pas fait.

Une semaine plus tard, Djamel, qui sait que j'ai croisé Julien à Aix, se retrouve avec lui dans une « pool party » à Arles et ils sympathisent. Cet après-midi-là, Djamel lui dit : « Je vais appeler une copine à moi que tu as rencontrée. Je vais te la passer. » Mon téléphone sonne, je vois le nom de Djamel s'afficher. Je décroche et j'entends : « Allo fraté ? » Moi : « Mais c'est qui ? » Lui : « C'est Julien des *Marseillais* ! Mais toi, tu es qui ? » Moi : « Je suis la blonde platine qui était avec la gogo-danseuse dans la boîte de nuit, à Aix, le week-end dernier. » « Ah oui, je me souviens de toi », dit-il.

À partir de là, on commence à discuter, on échange des messages, on s'appelle.

Au début, ça me plaît bien de parler avec lui car il est très rigolo. Mais aller plus loin ne me dit rien du tout car c'est quelqu'un de connu, qui bouge tout le temps. Quand on s'appelle, chacun est dans un endroit, mais jamais le même. On ne se parle qu'en texto, en fait.

Ça dure au moins un mois jusqu'à ce qu'il y ait les fêtes de Beaucaire et qu'il me propose qu'on y aille ensemble. Ce jour-là, il y a aussi Thibault et Shanna. Ce sont ses copains des *Marseillais*. Ils font leur show sur la scène, car ce sont eux les vedettes, moi je reste un peu à l'écart. C'est ce jour-là que nous nous sommes embrassés pour la première fois, Julien et moi.

J'aime bien le personnage de Julien, un peu « bad boy», tatoué. Il passe quelques jours chez moi. Après, il part et d'un coup tous mes collègues me disent : « Mais tu es folle, c'est un mec de télé, tu es sa pute d'un week-end, il s'en fout de toi ! »

Du coup, je ne suis pas bien, je me dis qu'ils ont peut-être raison. Ça va peut-être finir, alors que je l'aimais bien. Au bout de deux jours, il revient en me disant : « Tu m'as trop manqué. » C'est là que je me dis que c'est peut-être une vraie relation qui va continuer, en fait.

Julien ne veut plus que j'aille habiter en Angleterre. Il veut qu'on soit ensemble, qu'on vive cette histoire ensemble. Pendant le mois d'août, je vois que notre relation devient sérieuse. Je le kiffe trop et je décide de donner une vraie chance à cette histoire qui commence et qui se passe bien. Donc je n'irai pas à Londres en septembre.

Je dis à mes parents que je ne pars plus. J'ai vendu ma voiture, quitté mon travail, mais je ne pars plus. Mes parents sont un peu verts. « Comment ça, tu ne pars plus pour un mec de la télé ? » Pour eux, un mec connu ne peut pas être sérieux. Mes parents au bout de leur vie.

Malgré ça, je les quitte pour aller m'installer avec Julien chez sa mère, à Marseille. Bien sûr je me pose des questions car je n'ai plus de projet de partir mais je ne sais pas quoi faire à Marseille que je ne connais pas et où je ne connais personne. Je n'ai même pas de voiture pour me déplacer !

Quelques semaines plus tard, Julien part en tournage pour *Les Ch'tis à Hollywood* pendant une semaine. Quand il rentre, il m'apprend qu'il a embrassé une fille pendant le tournage. Je me dis que c'est une blague, mais pas du tout. Alors pour moi, c'est terminé. Mais Julien ne veut pas me perdre, il ne veut pas que je le quitte. Il me dit que la téléréalité, ce sont des acteurs, donc que c'était obligé qu'il se mette avec elle, que ça faisait partie du scénario. Aujourd'hui, je sais que si c'est peut-être vrai dans d'autres émissions de téléréalité, ce n'est pas le cas chez *Les Marseillais*, mais à ce moment-là, je le crois.

Il finit par me convaincre. Je me dis que c'est son travail et donc j'accepte. Et puis en vérité je n'ai pas vraiment envie que ce soit terminé entre nous.

Je me remets avec lui. Voilà, c'est toujours comme ça. Il y a une partie de mon cerveau qui me dit de partir en courant et puis il y a mon cœur qui me supplie de rester. Et moi j'écoute souvent mon cœur. Trop souvent peut-être.

Ensuite, tout va bien avec Julien. Nous avons une vie normale. Le week-end il va en boîte de nuit, parfois je l'accompagne et parfois je reste à la maison. La vie est plus « facile », sauf quand nous sommes dans la rue, car il est connu et beaucoup de gens le reconnaissent, l'abordent, veulent se prendre en photo avec lui, le toucher, lui parler, tout le temps. Moi je trouve ça un peu bizarre, tous ces gens qui font comme s'ils le connaissaient alors qu'il ne les a jamais vus et qu'il est obligé de prendre du temps pour leur répondre gentiment. Petit à petit, Julien me fait rencontrer ses collègues des *Marseillais*. Je fais connaissance avec Paga, Stéphanie, Antonin. Je me sens à l'aise avec eux et ils m'acceptent facilement. On passe toujours du temps avec Thibault et Shanna, aussi ; nous partons en vacances avec eux. Nous allons à Puerto Aventuras ensemble et c'est cool.

Sinon, avec Julien, ça se passe bien. On rigole beaucoup même si, parfois, quand la soirée est trop arrosée, il vrille un peu contre moi, est un peu agressif, mais rarement. C'est la faute de la fête. Mais quand même, il est souvent jaloux, possessif.

Un jour, Julien me dit qu'il doit repartir en tournage avec *Les Marseillais* au mois de janvier, à Rio. Du coup, je ne suis pas bien. D'abord il avait embrassé une autre fille lors du précédent tournage. Que va-t-il se passer cette fois ? Moi je rentre chez mes parents, mais je n'ai plus de travail et rien à faire. Je ne me sens pas bien.

Chapitre 14

LES MARSEILLAIS

J'avais été appelée par la production des *Marseillais* avant de sortir avec Julien.

Ils m'avaient trouvée sur le site internet où j'avais posté des photos de moi à la suggestion de Jean-Pierre M., mon patron au salon de coiffure.

J'avais reçu un mail de la production en début d'année, juste après l'accident de Matt, mais je n'y avais pas répondu sur le moment, car j'étais dans une situation compliquée : le début de la vraie fin avec Matt, son accident, tout ça. Le mail ne disait pas que c'était pour *Les Marseillais*. C'était un mail d'une société de production qui me proposait juste d'aller à l'étranger pour une émission. Julie m'avait dit : « Tu es folle, réponds, tu vas aller à l'étranger, c'est trop bien ! »

Je finis par l'écouter et les rappelle quinze jours après avoir reçu le mail. « Allo, c'est Jessica vous m'avez laissé un message. » Ils me disent : « Viens tout de suite à Marseille, c'est pour un casting. » Je ne sais toujours pas pour quoi. Je leur réponds : « Mais si je viens, je viens avec ma meilleure amie faire le casting. » « OK pas de problème. »

J'arrive donc avec Julie et je fais ce casting. Ils me posent énormément de questions en insistant pour que je sois très honnête dans mes réponses. Ils me demandent si je connais *Les Marseillais*, si je m'intéresse à la téléréalité. Ils me posent des questions sur ma vie, comment je suis dans un groupe, avec mes amis, mes rapports avec ma famille. Ils me demandent de raconter des histoires que j'ai vécues, si je vais en boîte de nuit, si je suis une fêtarde. Mais moi, je suis avec Matt depuis cinq ans, je n'ai pas du tout une vie comme ils veulent, une fille de la nuit qui sort en boîte tout le temps.

Quelques jours plus tard, je reçois un mail me disant que je ne suis pas prise. À l'époque, je ne correspondais pas à ce qu'ils cherchaient.

Un jour, je suis à Marseille dans une boutique avec Julien et Thibault. Là, je reçois un nouvel appel de la production des *Marseillais*. Ils ont revu mon dossier et décidé de me proposer de repasser un nouveau casting.

Je dis à la personne de la production que j'ai au téléphone que maintenant je suis avec Julien. « Ah bon, tu es en couple avec Julien ? Mais ça fait combien de temps ? » « Ça fait peut-être quatre, cinq mois. C'est le début. » « Ah bon, mais super, tu peux venir faire le casting avec lui, alors. » Je dis à Julien que ce sont *Les Marseillais*, il me prend le téléphone : « Ayooo, fraté… ! » Ils conviennent d'un rendez-vous.

Je vais donc faire mon casting avec Julien. Tout de suite, ils aiment bien ce qu'ils voient et ils me disent que je vais peut-être les rejoindre dans *Les Marseillais.*

Mais le mois de décembre passe et ma relation avec Julien devient compliquée. Il va à ses soirées tout seul, il commence à devenir bizarre, il cache son téléphone, etc. Moi je ne m'alarme pas, car s'il me trompait ça se saurait, car il est connu. Il y aurait un article toutes les deux secondes. Je ne dis rien et ça dure comme ça tout le mois de décembre.

Arrivent Noël, mon anniversaire, on s'offre des cadeaux, tout ça. Le 31 décembre, je lui demande ce qu'on fait pour le jour de l'An. Je commence à me préparer, toute contente. Il me dit : « Ce soir, je fais le jour de l'An dans une boîte de nuit. » C'est son travail d'aller en boîte de nuit, de faire des bookings, de la représentation. Il doit être avec Thibault, Shanna et d'autres personnes. « On fait le jour de l'An l'un sans l'autre ? Mais c'est notre premier jour de l'An. J'ai envie de le fêter avec toi. » Il me répond : « Non, non. » Il est très bizarre, très distant. « Je te ramène chez toi, me lance-t-il, c'est sur la route. » Je lui dis : « Mais, c'est une blague, tu ne fais pas le jour de l'An avec moi ? Si c'est comme ça, c'est terminé entre nous. » Je prends mes affaires et il me dépose chez moi.

Je fête le jour de l'An de mon côté et lui du sien. C'est incroyable. Puis, je le vois qui part au ski avec Thibault et V., une fille qui fait aussi de la téléréalité dans *Les Anges de la téléréalité*, une bimbo, très jolie. Il s'affiche sur Twitter en embrassant cette fille. Je comprends qu'il est parti faire son petit week-end tranquille au ski après le jour de l'An et du coup pourquoi il était aussi distant avant. Je me dis qu'il m'a dégagée pour ça. Je suis effondrée, je ne comprends pas pourquoi il me fait ça.

En plus, il devait partir dans les jours qui suivaient à Rio sur le tournage de l'émission et moi je devais peut-être l'y rejoindre. Du coup, je me dis : « Là, c'est terminé, c'est mort, je n'irai plus. » En revenant de son séjour au ski, il m'appelle plusieurs fois. Je lui réponds que je n'ai plus rien à lui dire. Enfin il me rappelle devant chez moi. Je lui réponds : « Non, non, c'est mort, tu t'es affiché sur Twitter avec cette fille, c'est fini. » Il me répond que ce n'est pas ce que je crois, qu'il va tout me raconter, qu'il faut qu'il m'explique.

Finalement, je cède, encore une fois. Je monte dans sa voiture et il m'embarque avec lui. Il me dit qu'il ne me lâche pas, qu'il ne s'est rien passé, que c'était bidonné, juste deux ou trois bisous pour faire croire qu'il y avait quelque chose entre V. et lui, alors qu'il n'y avait rien, pour éviter que Shanna se pose des questions à propos de V.

Il me retourne un peu le cerveau. Je finis par croire qu'il ne m'a pas trompée, qu'il s'est affiché avec une fille, mais qu'il ne s'est rien passé avec elle. Je retourne donc avec lui. Bien sûr, là aussi je n'avais pas vraiment envie que ça se termine si vite. Alors mon cerveau a écouté ce que lui disait mon cœur.

Puis c'est le moment pour lui de partir à Rio. Il part, il me laisse seule à la maison. Il est à l'autre bout du monde. Je pense que je n'aurai pas de nouvelles de lui car c'est très compliqué de téléphoner pendant les tournages. Mais Julien, qui est malin, a réussi à me téléphoner quand même.

Pendant les trois ou quatre premiers jours, il m'appelle régulièrement. Il me dit que je viendrai rapidement, dans une semaine peut-être. Après, plus rien.

Moi, je ne sais pas quand je pars, je ne sais rien, je sais juste qu'il est à Rio et que moi je ne suis pas avec lui. Après une semaine de tournage, la production m'appelle en me disant : « Jess, tu rentres dans le tournage, tu prends ton avion, tu fais ta valise, tu nous rejoins. » Ils me préviennent le jour pour le lendemain.

C'est le premier voyage longue distance que je fais de ma vie, en fait. Je suis allée à Londres en avion, mais je ne suis jamais partie à l'autre bout du monde seule.

Je vais rejoindre Julien. Je suis contente. En fait, c'est l'aventure des *Marseillais* qui commence pour moi…

Chapitre 15

MON ARRIVÉE DANS L'ÉMISSION

À l'arrivée à Rio, des gens de la production m'attendent et m'emmènent à l'hôtel. Là, on ne me dit rien d'autre que : « Tu verras, tout va bien se passer. »

Enfin, le lendemain, je rentre dans la villa. Dès que j'y suis, je comprends tout de suite qu'il y a quelque chose qui cloche. Les autres me tournent autour en me disant : « Julien n'est pas là, il est à un shooting photo », et je vois que tout le monde chuchote, ricane, en me regardant. Je me demande ce qu'il a fait. Les autres me disent que ce ne sont pas à eux de me dire ce qui s'est passé. Je comprends aussitôt qu'il s'est passé quelque chose qui ne va pas me plaire.

Julien revient de son shooting photo avec Charlotte. On s'isole pour discuter. Il m'explique qu'il y a eu avec Merylie un petit jeu de séduction, mais juste un ou deux bisous, hein, trois fois rien.

Moi, je pète un plomb, je lui jette le contenu d'une bouteille d'eau à la figure. Je suis folle de rage. Je n'ai pas traversé la moitié de la planète pour apprendre que mon mec a embrassé une autre fille.

Julien essaie de m'amadouer en disant qu'il savait qu'en faisant ça je rejoindrais plus vite l'émission et que c'était exactement ce qu'il voulait, parce que je lui manquais trop, que pour l'émission, il fallait créer un problème pour qu'ils me fassent venir. S'il n'avait rien fait, ça n'aurait pas été intéressant que sa copine arrive dans le programme.

Je me laisse un peu endormir par ces belles paroles. Du coup, on se remet ensemble au bout de quelques jours. Voilà, vous me connaissez maintenant. C'est toujours pareil. Je me laisse attendrir !

J'étais venue à Rio pour une semaine et en fait, ils me prolongent tout de suite le contrat. Je deviens vite un peu importante dans leur programme, du fait que j'aie une grande gueule et que je ne me laisse pas faire.

Il y a cette image qui tourne partout où Merylie, l'ex de Julien, dit : « Je suis venue pour reconquérir Julien. » Alors, moi : « Tu es revenue pour reconquérir ta mère, oui. » Je suis en guerre contre elle. Ça fait des histoires et tout le monde adore ça.

À l'époque, je m'énerve facilement, je suis très impulsive, car je suis plus jeune. Maintenant j'ai plus de retrait. Mais c'est mon caractère, et je fais vite ma place dans le programme, sans doute un peu grâce à ça aussi.

Il est vrai que c'est plus facile pour moi que pour un nouveau d'arriver là-bas, car je connais déjà les anciens : Paga, Antonin, Stéphanie. Ce ne sont pas mes grands amis, mais je les ai déjà côtoyés, ce n'est donc pas un choc de les voir. Et puis, je suis la copine de Julien.

Je reste donc jusqu'à la fin de cette première saison à Rio. Là-bas, je ne travaille pas, je prends plutôt tout à la rigolade et j'ai bien failli me faire virer. Je rate tous mes jobs, les patrons me disent que ça ne va pas du tout !

Julien me demande en fiançailles devant la caméra à Rio. J'accepte, parce que pour moi, Julien, c'est quelqu'un avec qui je me vois bien. Je suis bien avec lui, il a un bon délire, on est bien.

Je vous ai déjà raconté notre retour en France, l'aéroport de Paris, les gens qui nous attendent avec des appareils photo, tout ça, car les premiers épisodes ont déjà été diffusés alors que nous étions toujours en tournage pour les derniers.

Voilà, je suis connue d'un coup. Je ne m'y attendais pas vraiment. Surtout, je n'avais aucune idée de ce que ça voulait dire vraiment.

Je me retrouve avec des gens qui me font des interviews, des photos, qui m'appellent : « Jessica ! », alors que je ne les connais pas. Ça fait très bizarre. Je n'ai pas forcément réalisé à ce moment-là que ma vie basculait pour longtemps, mais j'ai quand même compris tout de suite que quelque chose se passait.

C'est tellement étrange, tous ces gens que vous ne connaissez pas mais qui, eux, vous connaissent. Alors ils vous parlent comme si on s'était vus la veille, mais pas du tout. C'est parfois très touchant, parfois saoulant. Ça dépend des gens eux-mêmes, en fait. Mais on en reparlera plus tard.

En attendant, je continue ma petite vie avec Julien, chez sa mère à Marseille, mais là ça ne se passe plus trop bien... Il change, il devient différent. Ce n'est plus la même personne : il pense beaucoup télévision, il aime trop ce monde-là, il ferait tout pour la télé.

Il rentre un soir d'une soirée fêtardée avec ses collègues, comme on dit chez moi, et me dit qu'il avait rencontré quelqu'un qu'il aimait bien, mais qu'il était bien avec moi aussi et qu'il voulait être avec nous deux. Je ne sais même pas si c'est vrai ou pas.

Je ne peux pas être avec quelqu'un comme ça qui vit que pour la télé, qui est bizarre avec moi, qui sort avec d'autres filles. Je ne vais pas rester avec lui parce que c'est Julien des *Marseillais*.

Et puis on apprend qu'on doit aller à Marrakech pour une battle contre les Ch'tis. Le tournage de Rio s'est terminé vers mars, mais dès le mois de mai, deux mois après, il faut repartir. Ça ne va vraiment pas bien entre nous à ce moment-là. Pourtant je décide de partir quand même pour cette nouvelle émission, mais je lui dis que si ça ne s'arrange pas entre nous là-bas, je le quitterai, même pendant l'émission.

Il part avant moi pour le tournage, sur la ligne de départ du jeu. Je le rejoins quelques jours après.

À mon arrivée, il me dit que nous ne dormirons pas ensemble, qu'il dort avec ses collègues dans la villa. Il ne me calcule pas et je comprends qu'il a vraiment quelqu'un d'autre dans sa vie.

Je ne voulais pas l'admettre au départ, mais là, c'est une évidence, il a peut-être vraiment quelqu'un d'autre dans sa tête. Je ne sais pas à quoi il joue, je ne le reconnais plus trop.

Du coup, je le quitte, devant la caméra, devant la France entière. Pour moi, c'est destiné à lui mettre un gros coup de pression. Je lui explique que ce n'est pas possible, qu'il faut qu'il change, en espérant qu'il revienne mais en changeant vraiment. Mais ce n'est pas ce qui se passe.

Quelques jours plus tard, il flirte avec Tressia, il dort avec elle. C'en est trop pour moi, je pète un plomb, et là Julien et moi, c'est vraiment fini.

À Marrakech, c'est très difficile de vivre sous le même toit que Julien, sans qu'on s'élimine du jeu. Malgré tout, c'est mon ex, je ne vais pas lui mettre des bâtons dans les roues, ce n'est pas du tout mon tempérament, loin de là, je souhaite à tous d'être heureux.

On finit le jeu, on rentre chacun chez soi. Lui finit par se mettre avec cette autre fille. Il est totalement passé à autre chose.

En plus, il ne s'empêche pas de dire que c'est grâce à lui si je suis là, et de me balancer tout ça dans la gueule. Je ne sais pas si c'est grâce à lui, mais en tout cas quand la production des *Marseillais* m'a appelée, ils m'ont dit qu'ils ne savaient pas que j'étais en couple avec Julien. Et puis je crois au destin. Je suis convaincue que ça se serait passé même si je n'avais pas connu Julien.

Moi je ne sais plus trop où j'en suis. Je sors d'une émission de téléréalité, est-ce que je continue dans la télé, ou est-ce que je vais faire autre chose ? Est-ce qu'ils voudront encore de moi, même si moi je veux continuer ? Est-ce que je reprends le projet de partir à l'étranger ? Est-ce que la télé a un sens sans Julien ?

Je suis un peu perdue. Je fais un peu de représentation en boîte de nuit, je vais à droite à gauche. En plus, je me rends compte que c'est compliqué d'avoir une relation, maintenant que je suis connue. Je commence à avoir peur que si quelqu'un se rapproche de moi, c'est parce que je suis connue et pas pour qui je suis. Tout ça n'est pas évident.

Alors je fais ma petite vie pendant l'été. Je vais dans les soirées à Montpellier, Marseille… Je sors, mais en même temps ce n'est pas la folie. C'est une petite vie tranquille, mais je ne veux pas être en couple.

Chapitre 16

LIONEL

À l'occasion d'une soirée, je rencontre Lionel, c'est son surnom[1]. Il est plus âgé que moi, c'est tout ce que je vois, il a trente-deux ans.

Au début, je ne suis pas trop réceptive, j'essaie de rester un peu distante. Je l'aime bien, mais bon, c'est tout.

Il commence à me parler de sa vie : il me raconte qu'il s'appelle Miguel[2], qu'il est de Montpellier et qu'il a une très bonne situation, qu'il est chef d'entreprise. Je le vois tout de suite, d'ailleurs, il prend les grosses tables, commande de grosses bouteilles, toujours bien sapé.

On finit par se parler, se parler et se mettre ensemble lors d'une soirée. À partir de là, on est souvent ensemble, je vais à son appartement qui est vide, mais je ne « tilte » pas trop. Il me dit que c'est son deuxième appartement. Je vois juste que c'est quelqu'un de gentil, qui a une bonne situation, donc qui ne cherche pas à profiter de moi, de ma notoriété. Petit à petit, je m'attache à lui.

1. J'ai changé son surnom.
2. J'ai changé son nom aussi.

Un jour je l'entends dire à un de ses collègues : « Je te jure sur la tête de mes deux enfants que c'est vrai. » Quand je lui demande : « C'est quoi cette histoire : sur la tête de tes deux enfants ? », il me répond qu'il faut qu'il me dise la vérité, qu'il vit sous le même toit que son ex-femme mais qu'il n'est plus avec elle. Il a deux enfants, deux petits garçons.

Clairement, je suis un peu choquée. Je ne m'attendais pas à ce qu'il ne s'appelle pas Miguel, qu'il ait une vie avec une ex-femme, des enfants. Je lui dis alors que c'est terminé.

Il m'envoie des messages, m'appelle, me dit qu'il est désolé de cette situation, que c'est compliqué, mais qu'il n'a jamais rencontré quelqu'un depuis sa séparation avec sa femme et que donc il n'a jamais pensé à vivre ailleurs que sous le même toit que ses enfants et sa femme. Ils ne sont plus ensemble, elle fait sa vie et lui la sienne, ça tourne très bien comme ça, mais ils vivent sous le même toit.

Moi, vous me connaissez, j'ai envie de croire aux belles histoires qu'on me raconte. Alors je reste. Nous nous revoyons, nous continuons à nous fréquenter.

À la fin de l'année, je lui dis que ce n'est plus possible ; je ne peux plus être avec quelqu'un qui vit sous le toit de son ex-femme, même s'il m'a juré qu'ils n'étaient plus ensemble.

Il m'appelle en me disant qu'il faut qu'on mange ensemble pour me parler. Il me dit alors : « Tu as la maison, elle est libre ! » Il a mis sa femme et ses enfants dans un autre appartement. Je pars en Thaïlande, en tournage, mais il dit qu'il m'attendra, qu'il attend que je revienne. Il veut être avec moi. Il ne veut pas me perdre à cause de cette histoire.

Je pars six jours après. La Thaïlande, c'est la première saison que je fais entière, sans être en couple avec Julien. J'y vais, car je m'entends très bien avec Stéphanie Durand. Entre Rio et Marrakech, je suis sortie avec elle à Marseille, quand Julien est devenu un peu distant, a fait sa vie de son côté et moi du mien.

Avec Julien ça ne se passe pas trop bien. Il m'envoie des piques sur ma relation avec Lionel, et lui est avec sa copine. C'est dur de cohabiter avec Julien. C'est très bizarre notre relation. On s'envoie des pointes, on essaie d'être méchants l'un envers l'autre, mais on n'y arrive pas vraiment. Petit à petit, notre relation s'arrange.

J'arrive à faire ma place de célibataire dans le groupe : Jessica sans Julien. Pendant ce tournage, je ne lui en veux plus, car je suis passée à autre chose. Même si ça me fait de la peine au fond de moi, je ne lui montre pas, parce que c'est terminé et que c'est du passé. Je ressens qu'on s'aime bien, mais je lui en veux, donc je ne me remettrai pas avec lui et en plus de ça, il est en couple, et moi aussi.

J'ai toujours Lionel dans la tête. Je n'ai qu'une hâte, c'est de rentrer pour voir où ça va me mener avec lui. À mon retour, il vient me chercher mais, pour lui, je l'ai abandonné pendant six semaines car nous n'avons pas eu trop de contact. Il m'en veut. Il me fait des reproches pour la télé. Il commence à me faire la gueule. Pourtant je n'y suis pour rien, moi, si c'est aussi compliqué de téléphoner pendant les tournages !

Je pars quand même habiter avec lui. Tout se passe alors plutôt bien. Je l'idéalise. C'est la première fois que je suis avec quelqu'un qui n'est pas de la téléréalité, donc je me dis que ça peut marcher. Il a deux enfants, mais après tout, ça ne me gêne pas, je veux une vie simple. Il est patron d'une grosse entreprise. Il a son travail, ses employés, il gère beaucoup de choses, il a de bons contacts. Je commence à penser que je pourrais avoir une vie normale avec quelqu'un de plus âgé, avec qui je peux envisager des choses. Il a beaucoup d'argent et il essaie de m'émerveiller avec, mais moi, ça ne m'intéresse pas, ce n'est pas le côté que je regarde. Pour moi, il a la classe, il s'habille bien, il a fait des belles choses, il est parti de rien, il a réussi à monter quelque chose de beau. Je suis plutôt fière de son parcours.

Et puis il a un côté « bad boy » qui ne me déplaît pas non plus. Donc ça va, même si on se prend la tête de temps en temps.

Un jour, on va dans une soirée à Montpellier. À un moment, il décide qu'il faut qu'on parte ; je lui dis clairement que non, je ne veux pas partir, que je suis bien à la soirée. Il se lève, me laisse seule à la table. S'il veut jouer à ça, moi je continue à boire mon petit verre de champagne. Il revient et me ramène à la maison mais se comporte mal avec moi. Je suis amoureuse, donc je ne dis rien. Ensuite il s'excuse, il regrette. C'est la première fois au bout d'un an. Je lui pardonne.

Mais petit à petit, il ne veut plus que j'aille à la télé. Il me dit : « Je te donne de l'argent, le prochain tournage, tu n'y vas pas. » Il commence à vouloir me retirer mon indépendance et j'ai le sentiment que je deviendrai sa prisonnière si j'arrête la télé pour lui. Je ne veux pas dépendre de quelqu'un même s'il a tout l'argent du monde. Je lui dis : « Je ne veux pas de ton argent ! Je continue à faire de la télé, même si ça doit créer des difficultés dans notre couple. » Du coup, ça commence à mal se passer. Je crois qu'il n'a pas l'habitude qu'on lui tienne tête et il me le fait comprendre direct.

Au moment où je commence à avoir une vie un peu stable, je découvre qu'il est vraiment colérique. Manifestement, il ne faut pas l'énerver. Le matin, il veut que je me lève en même temps que lui à 6 heures pour lui faire le petit-déjeuner. Pour lui, dans sa mentalité, son éducation, c'est normal que la femme se lève avec son homme, prépare le petit-déjeuner. Si j'ai le malheur de ne pas me lever, il s'énerve ; il lui arrive même de tout casser dans la cuisine. Moi, je fais tout ce que je peux. Je m'occupe de ses enfants : je les emmène à l'école chaque fois qu'il le faut, je prends soin de la maison, etc.

Un jour on se dispute dans la voiture. Il me dit de descendre. Je descends. Je crois qu'il va faire demi-tour et revenir me chercher, mais non, il me laisse au milieu d'un rond-point. Je suis perdue. Je ne connais pas du tout ce coin. J'appelle sa sœur pour qu'elle me guide. Des gens me voient marcher seule et j'ai honte. Je vais marcher comme ça au bord de la route tandis que monsieur est tranquillement installé chez lui, pas gêné du tout de m'avoir laissée rentrer seule. C'est sa sœur qui vient me récupérer sur la route.

Je pense qu'il s'est dit que ça allait me donner une bonne leçon, m'apprendre à ne plus faire la rebelle. Mais c'est mal me connaître.

Nous partons en vacances en Corse et ça se passe très mal, là aussi. Après une dispute, il me jette en culotte dans le couloir de la chambre d'hôtel. J'ai peur qu'on me voie comme ça, qu'on me reconnaisse, j'ai honte. Puis, il jette toutes mes affaires dans le hall de l'hôtel. Je retourne sur le continent sans lui.

On se remet ensemble après la Corse, malgré tout. Il dit que c'est moi qui le pousse à bout. Je sais qu'il est colérique et qu'il ne faut pas que je le fasse. Du coup, je me dis que peut-être c'est de ma faute et… j'y retourne. C'est exactement ce qu'il ne faut pas faire.

Il peut mal me parler en me disant : « Ferme ta gueule ! » Il me fait un peu peur aussi. Je commence à être vraiment déçue.

Arrive la fin de l'année. Pour mon anniversaire, il invite toute ma famille. C'est un super anniversaire avec feu d'artifice… Le 26 décembre, il me dit : « Fais ta valise et je ne te dis pas où on va ! » À l'aéroport, je découvre qu'on va à New York ! On doit y rester jusqu'au 2 janvier, sachant que je retourne dans la prochaine saison des *Marseillais, South Africa*, le 6. Je suis trop contente de voir cette ville. Du coup, je me dis que les coups de colère ce n'est pas grave, ce ne sont que des passades, car le reste du temps, malgré tout, il est quand même attentionné.

On arrive à New York, mais là ça ne se passe pas du tout comme je le pensais. C'est un carnage. Il ne parle pas bien anglais, donc il se prend la tête avec les réceptionnistes. Il se met en colère très rapidement, il passe beaucoup de temps en colère.

Le 31 décembre, il est de mauvaise humeur, il est aigri, il me parle mal, il est agressif avec moi. Je suis seule dans les rues avec lui, donc je ne dis rien, je marche devant lui ou derrière lui. Plutôt derrière, car monsieur a décidé de tracer au milieu des buildings. Je marche derrière mon mec comme une pigeonne à New York. Le rêve tourne un peu au cauchemar.

Pour la soirée du Nouvel An, il a décidé de me faire plaisir car j'ai toujours rêvé de voir le feu d'artifice sur Times Square. Il m'offre donc une soirée dans le plus bel hôtel là-bas et nous commençons à y faire la fête avec des gens qu'on ne connaît pas, très bien habillés, très chics. C'est trop bien. Trois, deux, un : feu d'artifice ! On kiffe, on passe une trop bonne soirée.

Je commence à oublier que ça ne s'est pas très bien passé, juste avant, dans les rues de New York. C'est le moment de partir et on rencontre un couple de personnes qui nous disent « Venez avec nous, on va en boîte de nuit ! » Je dis : « Non, nous on a un survol d'hélicoptère prévu demain à 8 heures, on ne va pas aller en boîte de nuit. »

Il s'énerve encore contre moi, car lui veut sortir. Il part à nouveau devant moi, marchant vite, encore une fois. D'un coup, son comportement m'énerve trop et je lui parle mal. Je l'envoie péter, en fait, car je n'en peux plus. Je me suis tellement contenue dans ces rues à le suivre comme un toutou, à avoir froid, à ne rien dire, à avoir peur, que là, je ne sais pas si c'est l'alcool ou la nouvelle année, mais je l'envoie péter grave ! Alors ça dégénère dans la rue. En arrivant à l'hôtel, il part à nouveau en live dans la chambre. Il me dit : « Je me casse, tiens, prends mon fric, ma valise, garde tout. » Il s'en va et me laisse seule.

Décidément, je n'ai pas de chances avec les réveillons, d'abord avec Julien, maintenant avec lui !

Je me retrouve seule dans cette chambre d'hôtel, loin de mes parents. Avec le décalage horaire, personne ne me répond au téléphone. Un moment trop dur ! Djamel finit par me répondre. Il me dit : « Je t'avais dit de ne pas ouvrir ta gueule, tu sais qu'il est colérique, tu savais qu'il ne fallait pas l'ouvrir. Pourquoi tu fais ça à New York ? » Je lui réponds : « J'en ai ras le cul en fait. Ça fait une semaine qu'on est à New York et il me traite comme un chien, alors je lui ai dit de fermer sa gueule. » « Tu ne lui parles plus mal, tu ne dis plus rien », me conseille Djamel.

Quelques heures plus tard, il rentre dans la chambre après s'être calmé. Moi je reste silencieuse dans le lit. Je ne dis rien. Je fais comme si je dormais, puis je dors vraiment.

Oui, mais là, il faut rester jusqu'au lendemain. Moi, je suis fermée comme une huître. Lui fait comme si de rien n'était, il essaie d'être gentil. « Tu veux aller manger ? » Je ne veux pas trop lui parler mais je n'ose pas lui dire clairement que c'est fini, parce qu'il va s'énerver encore plus, j'ai peur de ses réactions.

Nous sommes vraiment dans une situation très bizarre. Moi je ne veux que rentrer, que ce soit fini. Je sais que pour lui, ce n'est peut-être qu'une embrouille de plus, mais pour moi, c'est décidé et c'est irrévocable. Je ne peux pas rester avec un homme si colérique.

Après un long vol pour Paris, puis une correspondance, on arrive à Montpellier où sa mère vient nous chercher. Elle voit que nous sommes éclatés. Elle nous ramène à la maison et là je commence à plier bagages. Lui, pendant ce temps, défait sa valise et me demande ce que je fais. « Moi ? Je prends mes affaires. » Il me demande pourquoi. « Tu n'as pas compris que c'est fini ? Moi je n'en peux plus. Ce n'est pas possible. Je m'en vais ! » Lui : « Non, tu ne pars pas. » J'attends qu'il ne soit plus à côté de moi pour mettre toutes mes affaires dans le coffre de la voiture, dans des sacs-poubelle. J'en oublie. Je trace.

Il m'appelle en me demandant où je suis. Je lui réponds que c'est trop tard, que je suis partie, que je suis sur l'autoroute. Il commence à hurler : « Reviens ! » Il me dit qu'il m'aime, qu'il a envie d'être avec moi, qu'il regrette. Trois minutes après c'est : « Sale pute, connasse, je vais te niquer ta vie. » Deux secondes après c'est : « Pardon, tu es la femme de ma vie. » C'est vraiment trop compliqué. Je ne lui réponds plus.

Pendant des jours et des jours, je reçois des tonnes de messages auxquels je ne réponds pas. Je pars ensuite en tournage en Afrique du Sud, ce qui me permet de couper les ponts net, de ne plus avoir de nouvelles, de réussir vraiment à quitter cette relation malsaine.

Il y a des gens qui ne sont pas compatibles, pas faits pour être ensemble.

Peut-être que j'ai un caractère trop fort, peut-être que je provoque la jalousie ou la colère. Mais peut-être aussi que certains hommes veulent que leur femme soit leur chose et avec moi, ils tombent vraiment mal.

Chapitre 17

RETOUR À LA NORMALE

J'arrive à Cape Town. Petit à petit, je me rapproche de Julien. On retrouve notre complicité, peut-être du fait que je suis célibataire. Lui est avec Montaine, que je ne connais pas et qui finit par débarquer dans l'émission. Elle n'apprécie pas du tout cette complicité et elle lui pose un ultimatum : soit il ne me parle plus, soit ils se séparent. Du coup, Julien ne me parle plus pendant quelques jours mais ça se passe mal entre eux quand même. Alors elle quitte le programme, rentre en France et ils se séparent.

À la fin du tournage, Julien me fait comprendre qu'il voudrait qu'on se remette ensemble.

On dit toujours que retourner avec un ex, c'est comme retourner en prison. C'est comme si je n'avais pas compris la leçon. D'un côté je l'aime bien, de l'autre je sais qu'il est instable dans ses relations et je n'oublie pas qu'il m'a trompée. Je me demande si on n'est pas mieux en potes complices plutôt qu'ensemble. Je suis un peu perdue. À la fin du tournage à Cape Town, j'accepte pourtant d'aller avec lui à Marseille.

On ne se remet pas ensemble, mais juste on habite ensemble en collègues, pour voir comment ça se passe. En fait, je me rends compte rapidement que Julien, c'est PlayStation avec les collègues et que ce n'est pas du tout ce que je veux. Je l'adore, je l'aime vraiment beaucoup, on s'entend trop bien, mais il vaut mieux qu'on reste amis.

Je rentre quelques jours chez moi, chez mes parents. Heureusement qu'il y a les parents ! Ils sont toujours là pour moi. Ils comprennent que je ne suis pas en couple avec Julien, qu'on est en coloc, mais que pour moi Marseille, c'est mieux que Tarascon. Et puis ça me permet d'être avec mes collègues de la télé avec lesquels il est si facile et agréable de passer du temps.

Parmi ceux-là, il y a Kevin, Julien, Paga, Adixia et Stéphanie qui habitent à Marseille.

Julien part en tournage et se met en couple avec Manon. Moi, je continue ma petite vie de célibataire pendant des mois et des mois.

Julie s'occupe d'ouvrir notre salon de coiffure. C'est le projet que nous avions quand nous étions jeunes, nous en parlions dans le train quand nous étions gamines. Moi je n'ai pas le temps d'entreprendre les démarches parce que je suis tout le temps en tournage. Je dis OK.

Elle a trouvé un local à Arles. Je sais également que *Les Marseillais* ça ne va pas durer toute ma vie et que donc il est important que j'aie un salon à moi. C'est Julie qui s'occupe de surveiller les travaux, de recruter des employés, etc. Elle m'en parle presque tous les jours, je lui donne mon avis mais nous sommes d'accord sur pratiquement tout. Grâce à son travail et au mien, on va l'avoir, notre salon ! Il s'appellera *J&J*.

Entre juin et juillet, je repars pour le tournage de l'émission *Les Marseillais et les Ch'tis vs le reste du monde*. À cette époque, je suis bien, je ne suis plus avec Lionel, on n'a plus de contacts, on est séparés, chacun fait sa vie. Je suis célibataire, le salon va ouvrir en juillet, tout est bien.

Chapitre 18

NIKOLA

Dans cette émission, *Les Marseillais et les Ch'tis vs le reste du monde*, c'est la première fois qu'on est mélangés avec d'autres gens de la téléréalité, donc c'est très différent comme tournage.

D'un côté, j'aime bien ce tournage parce que j'y rencontre de nouvelles personnes qui m'expliquent comment ça se passe ailleurs, mais d'un autre côté, je ne l'aime pas trop parce que ce sont des gens de la téléréalité qui sont formatés différemment, qui se forcent à se comporter d'une certaine façon, qui ne sont pas dans le même délire que nous, qui sont plus dans un scénario. Nous les Marseillais, nous ne nous prenons pas la tête parce qu'il y a une caméra, nous sommes naturels.

Pendant le tournage, je me rapproche de Nikola. Il a fait *Les Princes de l'amour*, *Les Anges de la téléréalité*. Il est plus jeune que moi, il a vingt-trois ans. Il me respecte, il ne me parle pas mal, il est gentil, attentionné, très différent de ce que j'ai connu avant. Je me dis : « Pourquoi pas, en fait ? »

Un jeu de séduction s'installe entre nous, puis on se met ensemble. Je rentre dans cette relation. Tout se passe bien pendant le tournage. On s'entend trop bien, c'est la première fois que je vis une relation calme, paisible, sans insultes, sans colère, sans violence. Nikola, c'est une nouvelle personne, une nouvelle tranche d'âge aussi. Ça change du tout au tout.

On finit le tournage ensemble. Je rentre en France, à Tarascon, lui en Belgique. On se voit le week-end. Il vient dormir chez moi. Je vais deux fois en Belgique. La vie que je vois de lui ne me plaît pas trop. Il est jeune et autant pendant le tournage, je ne ressentais pas de problème dans sa maturité, sa façon de parler, autant quand je vais chez lui, je ressens vraiment qu'il vit chez ses parents, que son père gère un peu tout pour lui, qu'il n'a pas encore beaucoup de maturité, ni de liberté.

Du coup, ça commence à ne pas trop bien se passer, mais je reste avec lui parce qu'il est gentil, qu'il est beau. Je me dis que je n'ai pas de raison de quitter quelqu'un comme ça, pour si peu, donc je dois rester avec lui.

Vers la fin de l'année, notre relation commence à ne pas bien aller.

D'abord un blogueur sort une rumeur comme quoi il se serait passé quelque chose entre lui et une fille à Paris. Moi je me dis qu'il n'y a aucune preuve et que ça peut être des gens qui veulent mettre le bazar entre nous.

Ce qui coince un peu aussi entre nous, c'est que son père est un peu trop présent. Il voudrait orienter ce que nous faisons pour la télé. Pour lui, nous sommes le couple phare de l'émission, nous devrions être augmentés parce que maintenant nous sommes les stars du programme. C'est son père qui parle comme ça. Moi, ça me freine un peu. Pour moi, il n'y a pas de star, et puis surtout, c'est moi qui gère mon truc. Qu'il s'occupe des contrats de son fils, mais pas des miens. Moi, mes parents ne s'occupent pas de mes contrats.

En début d'année, un nouvel article raconte qu'il m'a trompée avec une fille de Monaco, avec des preuves, cette fois. Là, je me dis que ce n'est pas possible, que je les attire ! Cocue, trompée, chaque fois ! Je n'ai pas de bol, ce n'est pas possible !

Alors ça et son père trop présent, les prises de tête par rapport à la télé et la différence d'âge et de maturité, ça fait trop et je décide de rompre avec lui.

Chapitre 19

THIBAULT

Peu de temps avant l'article à propos de Nikola et la fille de Monaco, j'apprends que Thibault et Shanna se séparent après quatre ans de vie commune. J'envoie un message à Shanna pour savoir comment elle va. Elle me rejoint à Paris. On déjeune au resto toutes les deux, je lui raconte que ça ne va pas avec Niko et elle me dit que Thibault et elle se sont séparés en bons termes.

Juste avant que l'article qui me montre l'infidélité de Nikola sorte, il dit que c'est un coup monté contre lui et que d'ailleurs Thibault l'a prévenu que la fille allait le balancer. Nikola nie qu'il est sorti avec elle, mais pour moi, il n'y a pas de fumée sans feu. Déjà l'histoire de Paris, maintenant celle de Monaco, ça commence à faire beaucoup.

Je ne fréquente plus Thibault depuis des années mais du coup, je l'appelle en folie, je m'énerve contre lui, je pète un câble. Je le pourris en lui disant : « C'est quoi ces histoires ? Tu me connais depuis bien plus longtemps que Niko et au lieu de m'appeler pour m'expliquer qu'il y a une histoire comme ça qui va sortir, c'est lui que tu appelles pour le prévenir. Moi, ça me fait péter les plombs. » Il me répond : « C'est un mec, je suis désolé. »

Voilà, c'est comme ça que se passe mon premier nouveau contact avec Thibault. Je suis bien loin de m'imaginer ce qui va se passer ensuite entre nous.

Toutes ces histoires, c'est trop pour moi. Je quitte Niko et je reprends ma vie seule en me disant que je ne veux plus être avec personne, que je veux vraiment rester célibataire. Je ferme les portes. Pour moi, le couple, c'est mort.

Plus tard, Thibault m'envoie un message disant qu'il va aller déjeuner avec Magali Berdah, mon agente, à Juan-les-Pins en même temps que moi, je dois aller la voir. Il me demande si ça me dérange qu'on se voie ensemble. Je lui réponds qu'il n'y a pas de problème.

En fait, ce déjeuner n'aura jamais lieu, mais à cette occasion, il me demande de l'ajouter sur Snapchat. Je le fais et à partir de là, on commence à se parler.

Sur Snapchat, il m'écrit : « Si jamais tu sors en boîte dis-le-moi, on peut prendre un verre ensemble, on pourra rigoler. » Je lui réponds : « Avec plaisir, si je sors. J'ai une bande de collègues, toi tu es seul, tu peux venir quand tu veux. »

Message envoyé sans arrière-pensée et reçu pareillement. On est de vieux collègues. Thibault sort de ses quatre ans avec Shanna, et ne voit plus beaucoup de gens. Moi je sors de mon histoire avec Nikola et je ne veux plus me prendre la tête.

Je finis par le rappeler un jour à Paris alors que je suis en transit pour aller à Berlin. On ne fait que se parler, mais on se parle beaucoup. On se raconte notre « life », en collègues. On délire bien.

Au moment de prendre l'avion, je lui dis : « Je te rappelle quand j'aurai atterri. » Ce que je fais. Après : « Je te rappelle quand je serai à l'hôtel. » Ce que je fais. Après : « Je te rappelle en sortant de ma douche », etc. En fait, à partir de ce coup de fil à Paris, on se parle sans arrêt, H24. Parfois même on s'endort au téléphone.

On parle de tout et de rien, des choses de la vie. Lui me montre les filles qu'il kiffe, moi je lui dis que je veux rester célibataire parce que je veux juste kiffer ma *life*, sans me prendre la tête avec des histoires de couple.

Je l'appelle en lui disant que j'ai un booking à Lyon avec Paga et Adixia. « Tu m'as dit que tu voulais faire la fête, tu les connais, viens. » Il me dit qu'il est à Dubaï, que dès qu'il atterrit, il vient me chercher à Avignon pour m'emmener à Lyon. On s'est donné un point de rendez-vous. Mes parents m'y emmènent. Quand ils le voient arriver, grand, beau, costaud, tatoué, ils disent : « Oh, waouh, quand même ! »

Thibault et moi partons ensemble à Lyon dans sa voiture. Pendant tout le trajet, on parle comme si on s'était quittés la veille alors que c'est la première fois qu'on se revoit depuis très longtemps. On délire toute la soirée. Bref, on passe un super bon moment. On s'entend très bien.

C'est à cette soirée que je me prends un verre dans la gueule. Aussitôt, il me prend sous sa protection. Pour lui, si j'ai pris un verre comme ça, il y en aura un autre un jour, puis un autre. C'est là qu'il commence à me dire qu'il faut que j'arrête les bookings, que je suis connue mais que je suis tout le temps seule, dans les trains, les gares, et que ce n'est pas prudent. Et puis parce que je n'en ai plus besoin.

Du coup la soirée se finit de façon agréable. J'aime beaucoup le fait qu'il se préoccupe de moi, sans rien me demander.

On rentre à l'hôtel, chacun a sa chambre mais on décide de manger un morceau dans la mienne. On fait un FaceTime avec Djamel et on s'endort comme ça, sans que rien se passe. Au réveil, je me demande comment ça se fait qu'il soit là.

Cette soirée se passe à un moment où je suis en craquage de la télé, de la notoriété, de la fatigue, je fais des bookings le week-end qui m'épuisent. Je n'y arrive plus. Ma mère s'inquiète. Je lui dis que je ne veux plus de cette vie.

Je passe des journées entières dans mon lit à pleurer, je n'en peux plus.

Ma notoriété commence à devenir de plus en plus forte et dure à vivre au quotidien. Ça fait des années que je fais de la télé. C'est trop, trop de pression.

Un jour, sur le quai d'une gare, des gens me prennent en photo en train de pleurer au téléphone avec ma mère.

Thibault sait tout ça, parce que je lui en parle au cours de nos nombreuses conversations au téléphone. Il me propose de venir deux jours chez lui pour me reposer.

Je pars donc chez lui, dans sa maison tout en travaux. Je lui demande où nous allons dormir. Il me dit qu'on va mettre un matelas par terre. Seulement voilà, chez

Dans la caravane à 6 mois

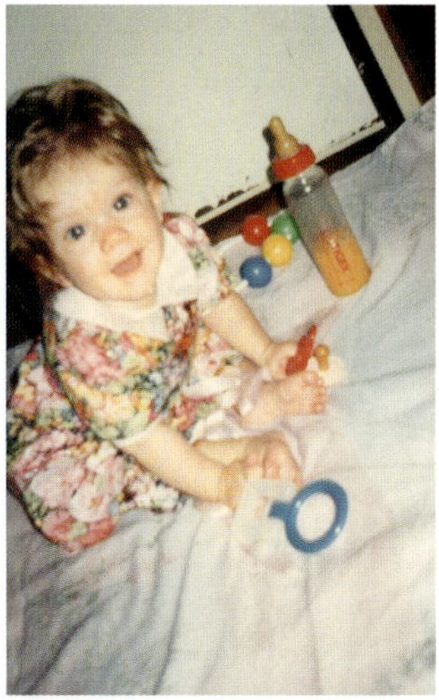

Moi à deux ans et demi ▽

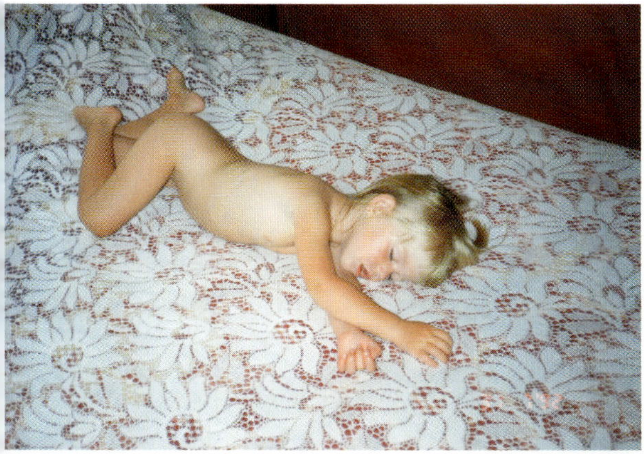

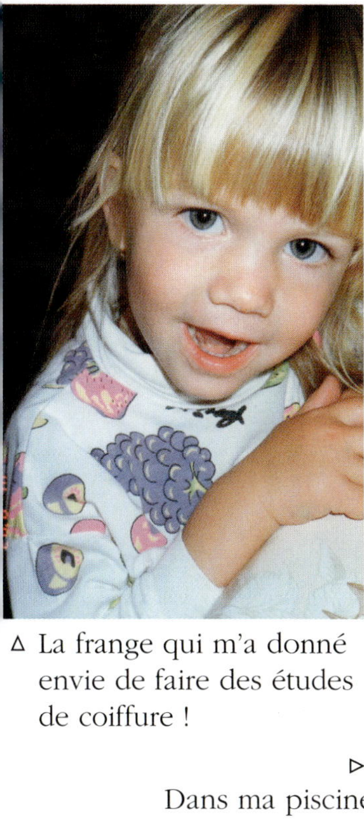

△ La frange qui m'a donné envie de faire des études de coiffure !

▷

Dans ma piscine près de la caravane

Avec Logan au mas de Vallabrègues, ▽ dans ce jardin que nous aimons tant

Un bisou pour mon Papa qui travaille. Notre caravane est juste à côté. J'ai trois ans. ▽

△ Maman et moi en Camargue. J'ai 27 mois

△ Maman et moi devant notre caravane en hiver

Premières mèches chez
◁ le coiffeur, trop fière !

△
Mes frères et moi

▷
Moi en Arlésienne

Mon premier voyage à △
Londres, avec Julie.

Logan et moi, adolescents ▽

▷
Période rebelle
et crise d'adolescence

Avec mes frères ▽

△ Bradley et moi,
quelques années plus tard.

Mes parents à Central Park, New York. C'est leur rêve qui se réalise.

◁

Mon fidèle ami Djamel ▽

△

Mes parents et ceux de Thibault à Dubaï pour la première fois de leur vie.

▷

Noël avec nos deux familles, 2018

Ces photos montrent les traces des coups que divers hommes ont porté sur moi à différents moments. Ne jamais en arriver là. Partir.

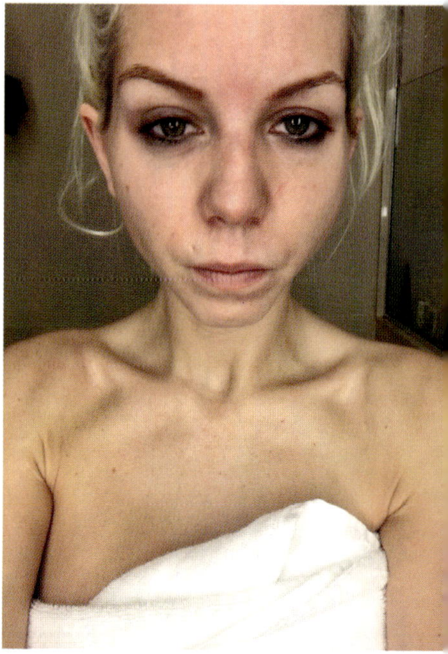

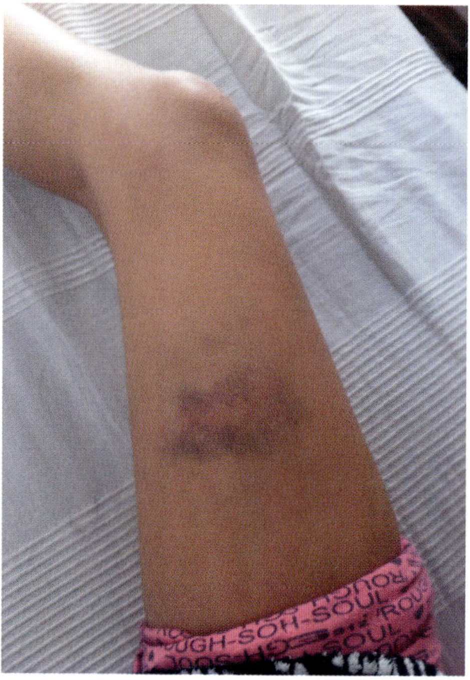

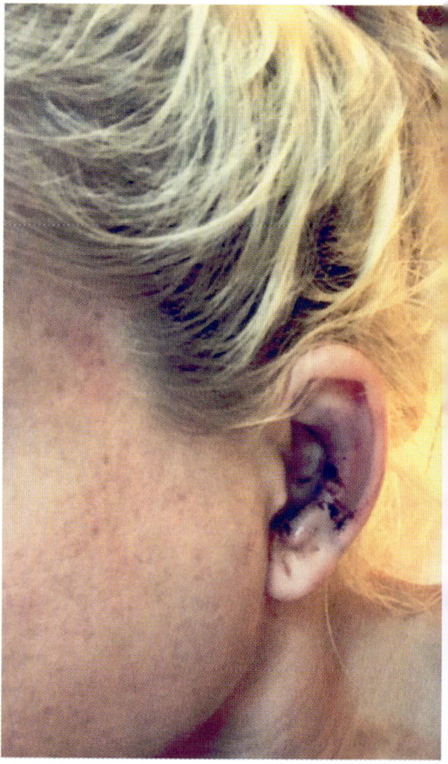

△ ▷
Un booking. Celui-là est à Lyon, là où je me suis pris un verre en pleine figure.

Séance de dédicace à Casablanca. Super ambiance.
▽

J'adore les animaux. Grâce aux *Marseillais*, j'ai fait la connaissance de nombreuses espèces qu'on ne trouve pas chez nous.

Dans une salle d'interview à Palma de Majorque. Il faisait si chaud dans l'Algeco qu'on nous avait mis une bassine d'eau froide. ▽

Avec Kévin, Paga, Julien, Manon et Adixia

Avec Julien et Paga △

Avec Kévin et Julien ▽

△ Stéphanie et moi

Célia, Olivier, Thibault,
Nico et moi.
◁

Mes frères en visite à Dubaï ▽

△ Julie et moi

▷
A Marseille chez Thibault
avec Logan et Quentin

En loge à la fameuse soirée à Lyon.
Nous ne savons pas encore tout ce qui va nous arriver.

Thibault, Magali et moi △
au Réveillon.

△ Premier Noël ensemble

Thibault et moi,
le début de notre vie à Dubaï

Mon amour.

Thibault me demande en mariage, sur la patinoire du Rockefeller Center. Heureusement que quelqu'un nous a pris en photo, sinon on n'en aurait eu aucune !

Notre mariage le 16 décembre 2018, dans l'intimité.

lui, c'est tout crade, il y a de la poussière par terre, ni fauteuil pour s'asseoir, ni rien.

Je lui réponds que non et qu'on sera mieux à l'hôtel. Il demande deux chambres. Mais comme nous avons déjà dormi ensemble la nuit d'avant, et que j'ai déjà dormi avec d'autres Marseillais pendant les tournages, avec Paga, par exemple, je lui dis que ce n'est pas la peine et nous n'en prenons qu'une seule.

Nous passons deux, trois jours à Sanary dans un superbe hôtel au bord de la plage avec une belle vue. Très dépaysant.

Thibault a déjà quitté la téléréalité, c'est déjà un businessman. Il me propose de m'aider à créer quelque chose et d'arrêter les bookings. Pour lui, il faut construire quelque chose de solide, de durable. Les bookings, ça va avec la notoriété et ça disparaît en même temps. C'est là qu'il me propose que nous fassions un parfum.

Je me coupe vraiment de tout, ça me fait du bien. C'est la première fois que je pense un peu à moi, que je ne réponds pas au téléphone. Je kiffe ces moments calmes avec Thibault. Nous rigolons en potes, il y a des trop bons délires entre nous. On se prend des fous rires. C'est un très bon feeling.

Nous dormons chaque soir dans le même lit, mais à part regarder des films, nous ne faisons rien d'autre que discuter, bavarder. Je me confie beaucoup à lui et lui aussi. On parle vraiment, on parle beaucoup. Ça me fait énormément de bien.

Au bout de ces trois jours, il doit me ramener chez mes parents. Comme il y a trois heures de route, je lui dis qu'il ne va pas faire l'aller-retour et je lui propose de dormir chez eux. Ma mère sait qui est Thibault et que j'ai déjà passé du temps avec lui. Elle lui propose la chambre d'amis. Je lui dis non, que Thibault dort avec moi. Ma mère me dit : « Mais comment ça il dort avec toi ? » « Eh bien oui, on s'en fout, on s'endort devant le film chacun et voilà… » Là encore, on regarde un film ensemble et on s'endort sans que rien d'autre se passe.

Le lendemain on va à la mer tous les deux, avec Djamel et Carla, sa fille. Et là il commence à changer. Il me dit que je suis bien foutue, que je suis belle, comme s'il ne m'avait jamais vue. Ça me fait rire, mais sur le coup, je suis un peu gênée.

Je me dis que c'est une blague, que je le vois en pote, que je suis célibataire à vie. Qu'est-ce qu'il veut, qu'est-ce qu'il me dit, là au juste ? Au début, je fais semblant de rien, de ne pas entendre, d'ignorer ses petites phrases ambiguës.

On va en boîte de nuit. Thibault me dit que si quelqu'un me fait chier, je n'ai qu'à lui dire qu'il est mon mec.

Comme Djamel veut rester en boîte plus longtemps, on rentre tous les deux seuls, en voiture. Là, je lui dis qu'il commence à être gênant. « Ça veut dire quoi : on dort ensemble en collègues et toi, tu me dis que je suis belle ? » Finalement, on rentre chez moi et on s'endort dos à dos, encore une fois. Il y a des petits trucs mignons entre nous, mais que je trouve un peu gênants.

Avant de m'endormir, je pense à lui. C'est vrai qu'il est beau. C'est vrai qu'il est mignon. C'est vrai qu'il est gentil. C'est vrai que je me confie à lui comme à aucun autre mec que j'ai eu dans ma vie. C'est vrai qu'il est mûr et rassurant. C'est vrai qu'il a l'air de s'intéresser vraiment à moi, à qui je suis et pas aux apparences. Du coup, je suis un peu perturbée.

On se réveille le lendemain, on rigole. Il me demande : « Alors, je suis gênant ? », je lui réponds : « Oui, très gênant. On était supposés être potes et tu me parles différemment, là », en souriant. Il ne se passe donc rien ce matin-là, mais en même temps, il se passe quelque chose de trop bien, de trop bizarre.

Il repart de son côté et moi je pars à Casablanca avec Julie pour y passer quelques jours avec elle et pour un booking. Thibault et moi, on s'écrit toute la journée, on ne se lâche vraiment pas. Il me dit qu'il aime être avec moi. Moi aussi. Et je le lui dis. On se parle comme si nous étions en couple sauf qu'on ne l'est pas.

Je réalise qu'il me plaît vraiment et qu'il me manque énormément quand je ne suis pas avec lui.

Je raconte à Julie que je suis tombée amoureuse, que je le kiffe trop, que c'est la merde, et lui en même temps, il m'envoie des cœurs, me dit que je lui manque, me demande quand je rentre. Je me languis de le retrouver, moi aussi.

C'est bizarre ce sentiment qui me prend, me chauffe partout et ne me lâche plus. Je pense à lui tout le temps et le reste du temps, je lui écris ou je lui parle. Je ne peux plus me passer de lui alors qu'il n'y a encore rien eu entre nous.

La situation n'est pas évidente, parce que je connais très bien Shanna qui est l'ex de Thibault, qui est lui-même l'ancien meilleur ami de Julien ! On fait difficilement plus compliqué !

Mais Thibault me plaît trop, j'ai trop envie d'être avec lui, je sais qu'il ne trompe pas, il n'a jamais trompé Shanna. Il est droit, loyal, honnête. Pour moi il est parfait, il travaille vraiment et puis il me plaît. Il est tout ce que j'aime, il a même des tatouages !

Même si Shanna est plus une connaissance qu'une amie, j'ai beaucoup de respect pour elle et pour la relation qu'elle a eue avec Thibault. Donc, quand j'ai vu que les choses commençaient à prendre une autre tournure entre Thibault et moi, je lui ai envoyé un message en lui disant que je commençais à m'attacher à Thibault, et en lui demandant si ça la dérangeait. Si elle m'avait répondu que oui, j'aurais coupé les ponts tout net, j'aurais dit à Thibault que j'étais désolée. Elle m'a répondu au contraire que ça ne la touchait pas du tout, qu'elle était heureuse, avec sa propre vie à Miami.

Julien est toujours en couple avec Manon, donc pour moi, il n'y a pas de problème.

Après un booking à Casablanca où l'ambiance entre Julien et moi était un peu tendue, sans que je comprenne vraiment pourquoi, je rentre en France car j'ai encore un booking, à Montpellier cette fois, le soir de mon retour de Casablanca. Thibault, lui, est à un défilé chez Philippe Plein à Cannes. Il n'attend qu'une chose, c'est que j'arrive.

Dès que je lui dis que je suis rentrée, il quitte sa super soirée à Cannes et fait deux heures et demie de route pour me rejoindre chez Djamel à Arles où je me prépare pour mon booking. Là tout de suite, je sais que je suis amoureuse de lui et je vois dans ses yeux que lui aussi.

Thibault, qui n'en est plus qu'à deux heures de route près, m'accompagne à mon booking à Montpellier. Au retour, la voiture que Djamel nous a prêtée crève.

En attendant la dépanneuse, on commence à se prendre dans les bras, à se faire des câlins. On se serre l'un contre l'autre, mais toujours pas de baiser, car je dois partir en tournage dix jours après. Je lui dis que je l'aime vraiment, mais que je ne peux pas me mettre en couple avec lui juste avant de partir en tournage pendant un mois. Ce serait trop dur d'être isolée, coupée de toute communication pendant le tournage alors qu'on viendrait de commencer à être ensemble.

Il m'assure qu'il veut vraiment être avec moi, sérieusement, que c'est trop fusionnel, trop passionnel.

Alors je succombe, je tombe dans ses bras et nous voilà ensemble, juste avant le tournage.

Dans le même temps, Julien inaugure sa pizzeria. Il ne m'a pas invitée alors que moi je l'ai invité à celle de mon salon de coiffure. Je le prends un peu mal. Je like des trucs sur les réseaux sociaux disant que Julien n'a pas invité Jessica. Lui répond : « Elle râle parce que je ne l'ai pas invitée pour ma soirée à la pizzeria, mais pour se taper mon meilleur ami, on ne l'entend plus... » Ambiance glaciale, en fait !

Thibault prend ma défense. Julien n'est plus avec moi depuis longtemps, il est avec Manon. En plus, Thibault et Julien ne se fréquentent plus depuis quelques années et donc il estime qu'il n'avait rien à lui demander. Moi non plus.

Je pars en tournage à Marbella, limite je suis en dépression, c'est trop dur de se quitter. Thibault m'accompagne au bout du bout de l'aéroport.

J'ai de l'appréhension à retrouver les autres, vu ce qui s'était passé entre Julien et moi sur les réseaux sociaux. Je sais que Paga, Adixia, Manon, Julien, Carla, Kevin sont tout le temps ensemble. Je sais qu'ils parlent de moi, qu'ils me critiquent. Bref, c'est Jessica contre le reste des Marseillais avant qu'on se retrouve à l'aéroport, et j'ai peur que cette guéguerre ne se prolonge pendant le tournage !

En arrivant à l'aéroport, je dis bonjour à tout le monde, mais je sens qu'ils ne me calculent pas trop. Julien me serre la main.

Ce n'est pas facile. Je n'ai que Thibault de mon côté tandis que tous les autres Marseillais me sont un peu à dos.

Heureusement qu'il y a Tonton, la nounou, avec qui j'ai fait tout le vol. Tonton ? Un type adorable. Je vous en parlerai plus tard.

Pendant le trajet en avion entre Marseille et Marbella, j'explique la situation à Julien. Thibault ne lui parle plus depuis quatre ans, donc il ne va pas appeler Julien pour lui demander si ça le dérange qu'il prenne son ex. Bon, petit à petit ça va mieux entre Julien et moi, même si je prends beaucoup de réflexions par rapport à Thibault de sa part.

Au bout de quelques jours, Thibault me rejoint dans le tournage ! Je suis tellement heureuse. C'est la plus belle preuve d'amour qu'il pouvait me faire, car il avait arrêté la télé et ne voulait pas recommencer. Quand il arrive, c'est un peu tendu avec Julien, mais après ça se passe bien, on le voit dans les images.

Sur le tournage, Thibault me propose d'habiter avec lui. Je suis folle de joie et j'accepte aussitôt. Thibault repart au bout de quelques jours. Je suis triste, mais pas trop car je sais que nous allons vraiment être ensemble désormais.

Je finis mon tournage. Je rentre en France et Thibault m'attend à l'aéroport. Je suis folle de joie. Je fonce chez moi où je ne passe qu'une nuit pour voir mes parents et leur expliquer que je vais habiter chez lui. Ma mère est triste de me voir partir, mais ce jour-là arrive toujours dans la vie d'une mère et de son enfant et c'est comme ça.

Mais ma famille a tout de suite très bien accueilli Thibault, ils l'adorent. Moi aussi, ça tombe bien !

Quelques jours plus tard, je vois les parents de Thibault pour la première fois depuis qu'on est ensemble. Ils s'appellent Vincent et Guilaine et son frère Quentin. Ils m'acceptent super bien. Ils sont simples, comme ma famille, et je me sens très bien avec eux.

Du coup, on a décidé d'organiser une rencontre entre nos deux familles. J'étais stressée car pour moi, la famille c'est hyper important et je badais à l'idée qu'il puisse y avoir des tensions, des incompréhensions entre nos deux familles car s'il y a des problèmes entre les familles, ça déteint sur le couple, et moi je ne voulais pas de ça.

On a fait une fête de Noël avec nos deux familles réunies et au contraire, tout s'est super bien passé. Tout le monde se sentait bien ensemble, rigolait. Un moment magique où on a presque envie d'appuyer sur le bouton « pause » pour qu'il ne s'arrête jamais.

Un an plus tard, le 3 décembre 2018, Thibault et moi partons pour New York pour y vivre la magie de Noël qui est très importante pour moi et qui est incroyable là-bas. Thibault n'y est jamais allé et c'est donc moi qui vais lui servir de guide. Il est enchanté. Je lui fais découvrir l'endroit que je préfère là-bas au moment de Noël : le Rockefeller Center, avec son sapin gigantesque et son énorme étoile tout en haut, sa patinoire et ses musiques de Noël qui jouent en permanence. Sans me le dire, Thibault repère l'endroit et me propose d'y revenir pour faire du patin quelques jours plus tard. Comme je n'ai jamais patiné dans cet endroit mythique, j'accepte volontiers.

Trois jours plus tard, le 6 décembre, après avoir parcouru la ville dans tous les sens, nous y retournons. Thibault me dira plus tard qu'il était stressé, mais moi je ne vois rien. Nous louons des patins et évidemment, c'est un carnage. Nous n'avançons pas, on s'accroche l'un à l'autre, on se tient la main, on fait comme on peut. Finalement on arrive à faire un tour complet, puis deux, puis trois. J'avais pris la caméra pour filmer notre voyage à New York pour le vlog. À un moment, je lui dis que j'arrête la caméra. Il m'entraîne alors sur le bord de la patinoire, juste sous l'immense statue de l'ange qui semble nous regarder. Là, il pose un genou à terre, pas aussi facilement qu'il pensait car ça glisse ! Moi je le regarde, me demandant ce qu'il peut bien vouloir faire. Là, Thibault me dit : « J'ai un petit secret à te dire. Si j'ai voulu qu'on revienne ici, dans ton endroit préféré de New York, c'est parce que je voudrais que tu sois ma femme. » Je n'ai pas pu répondre. Ma gorge était serrée et les larmes me sont tout de suite montées aux yeux. Je l'ai aidé à se relever et l'ai serré très fort dans mes bras. Je ne pouvais même pas dire oui, mais je crois qu'il a très bien compris à la façon dont je le serrais et l'embrassais que j'étais hyper heureuse. À ce moment-là, tout le monde sur la patinoire et autour, comprenant ce qui était en train de se passer, s'est mis à crier et à nous applaudir. C'était vraiment un moment très fort. Le plus beau, le plus magique de toute ma vie. Il me passe la bague au doigt et nous continuons à patiner, congelés en mode sourire ! Là une Américaine nous félicite et nous propose d'immortaliser le moment par une photo. Grâce à elle, nous avons une superbe photo au lieu exact où Thibault m'a demandée en mariage. À la sortie de la patinoire, des Français viennent nous voir, nous félicitent, nous disent qu'ils ont filmé ce moment et nous envoient cette video. Celle-là n'est pas terrible car tout le monde hurlait et que l'image bouge beaucoup. Mais ça nous fait un super souvenir.

En sortant, comme dans un conte de Noël, une calèche passe devant nous et s'arrête. Nous montons dedans, regardons la 5ᵉ avenue défiler lentement au son des sabots de cheval, nous faisons plein de bisous, de câlins, nous sommes tellement heureux. Thibault est enfin relax car, comme il l'explique alors, il était stressé toute la journée, toute la semaine même. Il avait tellement peur de ne pas être à la hauteur des contes de fées que j'ai toujours dans ma tête ! En fait, il a parfaitement réussi du premier coup ! Je regarde ma bague tout le temps, elle est trop belle. Puis restaurant, champagne et enfin, après une journée inoubliable, nous allons enfin nous coucher et, croyez-moi, nous ne nous sommes pas endormis tout de suite !

Enfin, le 16 décembre, Thibault, l'homme de ma vie, et moi, nous nous sommes mariés dans l'intimité. Nous sommes partis ensuite dans le midi de la France pour y retrouver nos familles pour Noël. Nous y avons passé de belles journées car nos familles s'entendent très bien et ce mariage a encore renforcé nos liens. Tout le monde était content et ça m'a fait un plaisir fou de voir tout ce bonheur partagé.

Nous ferons une vraie fête avec tous nos amis, et nos familles, bien entendu, le moment venu. Je vous raconterai…

2e partie

Voilà, vous savez tout de moi, de ma vie, ou presque. Mais j'imagine que si vous lisez ce livre, c'est aussi parce que vous aimeriez savoir comment ça fait, « en vrai », d'être vedette de téléréalité. Alors je vais essayer de répondre aux questions que vous vous posez peut-être.

Chapitre 1

LA TÉLÉRÉALITÉ

La téléréalité, en quoi ça consiste exactement ?

La téléréalité, c'est mettre dans un endroit plusieurs personnes qui ont été retenues auparavant par un casting. L'histoire n'est pas écrite à l'avance, en tout cas chez *Les Marseillais*. C'est la façon dont ces personnes vont interagir entre elles qui est intéressante.

Le casting est le plus important ; par exemple, dans mon cas, les gens de la production ont choisi une personne avec une grande gueule qui n'a pas peur de dire ce qu'elle pense et qui va faire bouger les choses dans l'équipe. Quand ils font le casting, ils imaginent ce qui pourrait se passer entre les candidats, mais ils ne savent cependant pas à l'avance comment l'alchimie entre les anciens et les nouveaux va se passer. Ils ne peuvent pas prévoir l'histoire réelle qui va se dérouler.

Je me souviens par exemple d'une candidate qui pensait qu'elle allait me remettre à ma place et qui s'en était vantée à l'avance. Évidemment, une fois dans la villa, elle n'a rien fait de ce qu'elle avait annoncé lors du casting !

Pour ces castings, ce sont des centaines de gens qui sont interviewés, filmés... Pour que ça marche, pour que la sauce prenne, la société de production cherche de vrais personnages, de vraies personnalités. Le physique n'est pas si important. Il y a un peu de tous les types de physiques, des grand(e)s, des petit(e)s, des rond(e)s, des minces, mais il est vrai que, dès cette première saison avec Thibault, Shanna, Julien, Paga, je pense qu'ils ont défini un type de physique pour l'émission.

De même, les producteurs savent comment choisir les candidats et les candidates pour qu'ils plaisent aux spectateurs et qu'avec leur personnalité autant que leur look ce soit le genre de personnes avec lesquelles il se passe toujours quelque chose !

Comment ça commence ?

Voilà comment ça a commencé pour moi.

Comme mon patron de l'époque m'avait incitée à me mettre en valeur, j'avais fait appel à des photographes pour faire un « book », c'est-à-dire un ensemble de photos de qualité professionnelle pour me présenter telle que je suis. J'avais beaucoup aimé ces séances de photo. Elles m'avaient donné confiance en moi, je me suis rapidement sentie à l'aise devant l'objectif.

J'ai mis mon book sur Internet et c'est tout.

Au bout de quelque temps, je reçois un mail d'une boîte de production qui me demande si j'accepte de faire un casting pour partir à l'étranger, sans le titre de l'émission, sans rien. Aucun détail.

Comme je l'ai décrit plus haut, ça n'a pas marché pour moi après le premier casting car ils cherchaient une fille qui sortait beaucoup, qui aimait le monde de la nuit. Ce n'était pas mon cas à l'époque ; ce n'est que plus tard qu'ils m'ont recontactée et que ça a marché, cette fois.

Je suis tout à fait consciente que mon physique a joué. Peut-être aussi ma relation avec Julien. Mais en même temps, c'est normal. Ce que la production cherche, et aussi ce que les spectateurs veulent, c'est des gens plutôt pas mal, qui ont de la personnalité et qui vont interagir entre eux d'une façon intéressante. Comme je corresponds à leurs critères et que je suis déjà avec Julien, je coche toutes les cases.

Quand je suis sélectionnée, on ne m'explique pas grand-chose pour autant. On me dit juste que je pars pour Rio et comment je peux récupérer mon billet d'avion. Jusqu'à mon arrivée à Rio, je ne sais pas si on va me briefer, me dire de tenir tel ou tel rôle, d'agir d'une certaine façon, etc.

À l'aéroport de Rio, des gens que je ne connais pas m'emmènent dans un hôtel où la production vient me voir pour me rassurer, me dire de ne pas m'inquiéter, qu'on viendra me chercher le lendemain.

Là, premier briefing. En fait, c'est simple, on me dit de vivre nos journées normalement et de ne pas faire attention aux équipes de tournage, de ne jamais regarder directement les caméras, de ne jamais parler à d'autres personnes (cameramen, journalistes, ingénieurs du son) que les autres candidats qui sont dans la maison quand les caméras tournent, et de ne jamais enlever le micro qui va devenir mon meilleur ami ! Et aussi qu'il y a des portes dans la villa qui ne sont pas pour nous et qu'on ne doit pas les franchir.

Et c'est tout.

Après, je n'ai plus qu'à attendre. Pour l'intérêt de l'émission, il faut que je ne sache rien, ni de comment se déroule le tournage, ni de ce qui se passe à l'intérieur de la villa.

Le jour de mon entrée dans la villa, on me réveille tôt et on vient me chercher à l'hôtel. On m'équipe en matériel audio pour la prise de son, puis on monte dans une voiture dans laquelle on nous filme et on m'emmène à la villa.

Je toque à la porte et quand on m'ouvre, il y a trois caméras braquées sur moi, deux journalistes derrière elles, plus les ingénieurs du son et enfin les candidats. Quel choc ! Je me souviens très bien de ce premier pas. J'ignorais alors tout ce qui allait se passer et tout ce que ça allait changer pour moi, dans ma vie.

Je suis suivie par la caméra, et je me demande pourquoi. Enfin, je comprends bien pourquoi, mais je ne suis tellement pas habituée ! Je ne sais toujours pas ce qu'on attend de moi. En fait, je me sens complètement perdue. Ils ne m'avaient rien dit, mais ça fait partie du jeu de la téléréalité.

Pour l'anecdote, le premier jour, dans la villa, quelques minutes après mon arrivée, le stress et le trac me donnent envie d'aller faire un petit besoin naturel, mais comme on m'a dit de ne parler à personne, je n'ose pas le dire. Je vais dans la salle de bains, mais l'équipe de tournage me suit ! Là, je suis en panique car je n'ose pas regarder la caméra ou leur parler. Finalement, je n'en peux plus et je dis : « Ça ne sert à rien de me suivre, je voudrais juste faire pipi ! » Ça a failli mal finir, cette histoire ! Mais petit à petit, je comprends qu'il y a des moments où je peux parler aux gens de l'équipe. En fait, ce sont les moments où les caméras sont braquées sur d'autres personnes, sur une interaction entre des candidats et que moi je suis seule dans une pièce de la villa et que je ne fais rien de particulier.

C'est comme tout, on finit par acquérir de l'expérience, dans ces tournages, et s'y sentir de plus en plus à l'aise.

Comment se passe le tournage ?

En réalité, la maison dans laquelle le tournage a lieu est pleine de monde, mais on ne s'en rend pas compte à l'écran. Dans la production, il y a plusieurs équipes. Dans chaque équipe, il y a même des personnes dont je ne connais pas vraiment le rôle mais qui font des tas de choses. Par exemple, allumer toutes les lumières de la villa le soir. Ça n'a l'air de rien à l'écran, mais c'est fou le nombre de choses qui doivent être faites pour que l'émission fonctionne bien. Ils doivent être une cinquantaine de personnes en tout.

Il y a surtout la nounou, Tonton, un employé de la production qui s'occupe de nous pour tous nos besoins quotidiens, pour faire des courses dès qu'on a besoin de quoi que ce soit, d'un médicament par exemple. Tonton est devenu une personne hyper importante pour tous les Marseillais, un deuxième papa pour nous. Il est adorable avec nous. Peu importe son vrai nom, nous on l'appelle Tonton et il est indispensable pour que nous nous sentions bien.

Il y a aussi des journalistes qui notent tout ce qu'on raconte. C'est important car il faut ensuite « dérusher » les images, pour ne garder que ce qu'il y a d'important. Ainsi, si je commence à m'intéresser à un couple qui est en train de se former, Carla et Kevin par exemple, les journalistes vont écrire : « Jessica se rapproche de Kevin pour en savoir plus. »

Après ça, c'est le moment où on fait les interviews ou ITV. On est mis devant la caméra pour raconter notre sentiment sur tout ce qui se passe dans la villa et commenter nos paroles et nos actions. Le but est d'exprimer nos émotions plus librement parce qu'on est seul avec le journaliste et que les autres ne peuvent pas entendre. C'est le seul moment où c'est le cas. Il se passe parfois plusieurs jours entre l'événement dont on parle et l'interview devant caméra, ce qui explique pourquoi on a parfois changé de look ou de coiffure entretemps.

Je suis tout à fait libre de dire ce que je veux. Je peux raconter des blagues, inventer des mots, ce n'est pas grave. Les gens de la production ne me reprennent jamais, car c'est ma personnalité que la production et les spectateurs veulent voir.

C'est aussi pour ça que nous ne sommes pas des acteurs. Nous ne jouons pas un rôle écrit à l'avance. Personne ne nous dit ce que nous devons faire, dire, avec qui, etc.

Je me souviens par exemple d'avoir dit un jour : « Ça, c'est la cerise sur le pompon ! » En fait, j'avais mélangé deux expressions qui existent : « c'est le pompon » et « c'est la cerise sur le gâteau », et qui veulent toutes les deux dire la même chose. Ce mélange qui est sorti comme ça, sur le moment, a vite fait le tour sur les réseaux sociaux.

L'équipe ne dort pas sur place, à part Tonton qui vit dans la villa et qui est toujours là au cas où il nous arriverait quelque chose, et qu'il doit nous accompagner à l'hôpital, par exemple.

Il y a aussi une équipe de sécurité pour surveiller la villa, les chauffeurs des vans qui doivent nous conduire, des gens qui s'occupent du ravitaillement, de la nourriture pour tout le monde, etc.

Je me souviens que le deuxième matin, à Rio, quand je me réveille, j'ouvre à peine les yeux et je vois que les caméras sont déjà braquées sur moi. Quel choc !

En fait, tôt le matin les équipes viennent dans nos chambres pour changer les batteries de nos micros posés près de nous et commencent à filmer tandis qu'on dort encore. En général leur présence fait un peu de bruit et on ne tarde pas à se réveiller. Après c'est caméra et micro pratiquement tout le temps.

Du coup, petit à petit, tout ça finit par ressembler à une colo où tout le monde se connaît.

Quand je pars en tournage, je suis contente de retrouver Seb, l'ingénieur du son, VV, le caméraman, Ben, le producteur, Cécile, Fiona, Laïla, Guigui et tant d'autres. Il faudrait que je les cite tous ici, mais je n'aurais pas la place !

Certains sont là depuis Rio et nous suivent. De cette équipe, on connaît leur histoire personnelle. Par exemple, les cameramen et les ingénieurs du son, j'apprends à les connaître la première année, la deuxième, je les adore et s'ils ne sont pas là la troisième année, je suis dégoûtée. Tous ces gens forment une grande famille. On pleure tous à la fin parce qu'on est tristes de se quitter.

Toutes les semaines les rushs partent pour Paris pour être montés pour l'émission programmée quelques mois plus tard. C'est un travail énorme, car ils doivent tout regarder, tout savoir et décider quoi garder, comment le monter, comment faire pour que ce soit le plus intéressant possible pour les gens qui vont regarder l'émission.

Les gens qui ne connaissent pas bien la téléréalité pensent que c'est presque du direct, qu'il suffit de brancher des caméras et filmer, et hop, c'est fini. Rien n'est plus faux. Il y a un travail de montage de dingue pour rendre tout ça intéressant pour les téléspectateurs, des milliers d'heures.

Pour les vêtements, on porte ce qu'on veut du moment qu'il n'y a ni petits carreaux ni rayures, car ça passe très mal à l'écran, ni vêtements verts quand on est filmés sur écran vert. Et plutôt pas de vêtements de marque, car les équipes à Paris devront ensuite flouter toutes les marques apparentes sur toutes les images, ce qui fait un travail énorme aussi. C'est pour ça que je n'aime pas porter des marques, car ça leur donne encore plus de travail.

Bien entendu, dès le début, la production nous met en garde contre les dérives. Il est hors de question qu'il y ait de la drogue sur le tournage. Il y a des règles strictes : on ne sort pas de la villa sans être accompagné, on ne va pas acheter de l'alcool pour la villa, il y en a quand on sort en boîte, mais ce sont deux verres chacun, pas plus.

Bien entendu, on ne peut pas taper un candidat, si on ne l'aime pas ou s'il vous a fait une vacherie, même si parfois l'envie ne manque pas ! On n'est pas au zoo et il n'y a pas de place pour la violence !

L'isolement (pas de téléphone, de contact avec les siens, etc.)

Je ne sais pas pourquoi, mais dans la villa, les sentiments sont décuplés. On s'accroche très vite aux autres candidats sans doute en partie parce qu'on a coupé nos téléphones portables, plus de sources de distraction.

En effet, quand j'ai mon téléphone, je ne m'intéresse pas à la vie des autres, des personnes que je ne connais pas. C'est horrible, mais c'est une réalité.

En fait, il y a de l'humanité dans la villa, justement du fait qu'on n'est pas connectés. On s'intéresse à toute l'équipe qui est présente sur le tournage. Si j'avais mon téléphone, je ne serais pas ce que je suis dans l'émission.

À la fin du tournage, on rallume notre téléphone et plus aucun candidat ne se parle. On a un mois de non-vie avec l'extérieur à rattraper. On a des événements, des actualités dont on n'a pas eu connaissance. On sort alors de notre bulle.

L'isolement est nécessaire, c'est obligatoire pour le bon déroulement de l'émission. Je suis très contente de ne pas avoir de téléphone pendant un mois. On peut s'en servir en cas d'urgence, mais ça n'arrive que très rarement. Je ne suis pas à l'affût du potin, de la vidéo à la mode qui tourne. Ça fait du bien, même si c'est dur de temps en temps, quand je craque, mais il y a toujours des gens dans la production qui vont nous réconforter. Il y a toujours des moments où on a un coup de blues. Mais ça, ils le savent et ils savent aussi ce qu'il faut faire pour nous aider à passer ce cap.

De même, on n'a pas la télé dans la villa, évidemment. On ne va quand même pas nous filmer en train de regarder une série à la télé ! Du coup, on passe beaucoup de temps à parler ensemble et c'est de là que naissent les discussions, les histoires, aussi. Sans télé, on finit toujours par trouver de quoi s'occuper avec les autres.

Parfois, les gens se demandent pourquoi tel ou tel d'entre nous se mêle de telle ou telle histoire ou discussion. Ben, c'est simple, si on ne s'intéresse pas à ça, franchement il n'y a rien à faire et on s'ennuierait. Si c'est pour ne pas s'intéresser aux autres, à ce qui se passe dans la villa, il faut rester chez soi !

Je n'irai pas jusqu'à dire que les relations humaines sont plus intéressantes quand il n'y a pas de télévision, car je ne vais pas cracher dans la soupe, quand même, mais c'est vrai qu'on devrait tous couper nos portables et la télé pendant un ou plusieurs jours, chaque mois, pour retrouver une vie qui ne passe pas par les écrans.

Qu'est-ce qui n'est pas enregistré ou coupé au montage ?

À la télé, la production ne montre que quarante-cinq minutes de tous les rushs qu'ils ont pu prendre, c'est-à-dire de tout ce qui a été filmé.

Ils ne filment pas vingt-quatre heures sur vingt-quatre. Les caméras arrivent entre 8 et 10 heures du matin, selon les jours, et filment parfois très tard. Pendant la nuit, normalement, on dort, donc il ne se passe rien, sauf quand certains décident de faire autrement…

En fait, le soir, après le départ des caméras, on peut se relever, pour se démaquiller, par exemple, ou pour prendre une douche.

Normalement, on ne peut pas commenter devant les caméras ce qui se passe dans la villa en « off », c'est-à-dire en dehors du regard des caméras.

Il peut arriver, par exemple, qu'on s'embrouille en dehors des caméras, parce qu'on est humains. S'il s'est passé ce genre de choses pendant la nuit en off et que c'est important pour le programme, alors on va parler de ce qui s'est passé le lendemain, dès 8 heures du matin pour reprendre le fil de l'histoire et tout le monde s'empresse de balancer devant les caméras ! Mais si c'est une broutille de rien du tout, on passe, on n'en parle pas et on oublie.

L'équipe est aussi là pour nous le rappeler pour le suivi de l'émission et pour que les téléspectateurs puissent voir une histoire se dérouler et la comprendre.

Ensuite ils font le montage selon l'intérêt des images ; par exemple, ils vont privilégier deux personnes qui se rapprochent plutôt que Jessica et Paga qui parlent du père de Paga.

Le dimanche, c'est notre jour de repos. Tonton fait en sorte que rien ne se passe durant cette journée. On va dans les centres commerciaux, au resto tous ensemble, mais on oublie les histoires de la villa. On les recommence le lundi. Tout cela est devenu naturel, comme si le dimanche n'avait pas existé.

Il y a beaucoup de choses qui se passent mais qu'on ne voit pas à l'écran.

Par exemple, très souvent, il y a des moments de délires et de fous rires. Pratiquement tous les jours. Mais on ne les voit pas forcément dans l'émission. Tout simplement parce que parfois, il se passe tellement de choses entre nous dans la journée qu'on ne peut pas tout montrer. Donc il peut arriver que la production décide de ne pas garder au montage un délire très drôle entre nous mais qui n'apporte rien dans notre histoire, car il faut toujours privilégier l'intérêt de l'histoire, c'est-à-dire de nos relations.

Je me souviens que pendant *Les Marseillais* en Afrique du Sud, on avait fait une soirée costumée. Ça s'est terminé en aquaplaning dans la villa. Quel fou rire, mais quel fou rire ! Malheureusement, ça a été coupé au montage pour les raisons que je viens de vous donner. Mais c'est un trop bon souvenir pour nous !

Quelles différences entre les différentes émissions de téléréalité ?

Je n'aime pas trop les émissions du type battle ou cross. Je n'aime pas être avec des gens d'autres émissions de téléréalité, car ils me font l'effet de ne pas être vrais. Ils montent des stratégies pour ne pas être éliminés, ils manipulent les autres candidats. Dans ces émissions, il y a l'enjeu de rester et ça change tout dans les rapports entre les gens qui sont complètement faussés, du coup.

Je ne peux pas dire que je connais les autres émissions puisque je n'y ai pas participé.

Dans *Les Marseillais vs le reste du monde*, la grosse différence vient du fait que nous nous connaissons très bien entre nous tandis que certains d'entre eux ne se sont jamais vus avant l'émission. Du coup, ils hésitent beaucoup moins à calculer ce qu'ils font, à se faire des coups tordus, des stratégies. Qui marchent plus ou moins bien, d'ailleurs.

On a été mélangés avec des candidats qui viennent d'autres émissions, celles de NRJ12, *Secret Story* de TF1, de NT1 (aujourd'hui TFX), par exemple, *Les Marseillais vs le reste du monde*. Mais moi au début j'ai du mal avec certains de ces candidats car ils ne sont pas du tout habitués à nos méthodes de travail, qui sont très simples, en fait.

Du coup, ils trouvent qu'ils sont plus libres, que c'est plus cool quand ils viennent dans l'émission *Les Marseillais*. Avant de rentrer dans le tournage, ils se prévoient leurs petites histoires par téléphone. Ils font des alliances alors que le programme n'a pas encore commencé. Ils prévoient même parfois de se rapprocher, ou même de se mettre en couple pour attirer l'attention. Ça, ça me rend dingue quand j'ai l'impression que c'est « fake ». Du coup, parfois les gens ne comprennent pas bien mes réactions.

Mais chez nous, rien ne peut être écrit d'avance et donc leurs petits plans tombent souvent à l'eau.

Après, il y a d'autres émissions qui ne sont pas forcément de la téléréalité mais auxquelles j'ai pu participer quand même.

- *Total Blackout* en 2014. Avec Steph, Paga, Kim, Merylie. Un jeu qui se passe entièrement dans le noir. Ça m'a permis de découvrir un tout autre style d'émission.
- *Un dîner presque parfait* en 2016. Avec Paga et trois inconnus. Au départ, je ne voulais pas le faire car je ne sais pas cuisiner. Finalement, je dis : « OK si on prend un traiteur. » Ils me disent : « OK. » Sauf que, en fait, c'est une blague, mais moi je ne comprends pas que c'en est une ! Et quand, quelques jours avant l'émission, ils me demandent si j'ai choisi le repas que je vais préparer, je tombe de ma chaise !

Du coup, j'ai dû faire un menu au dernier moment, une véritable catastrophe, mais très rigolo. Expérience très enrichissante, au final, mais que je ne renouvellerai pas. La cuisine et moi, ça fait deux !

- *Tous ensemble* en 2015. Avec Paga et Adixia. On a aidé une famille à terminer des travaux dans leur maison. Pendant une journée nous avons travaillé, parlé et partagé avec les bénévoles et c'est très enrichissant. Ce n'était pas payé, évidemment, mais ça fait tellement de bien de faire quelque chose en vrai pour des gens. Quelque chose qui va vraiment les aider. J'ai beaucoup aimé ça.
- *Touche pas à mon poste* en 2017. Cyril Hanouna m'a demandé de venir. C'est assez impressionnant et stressant car on est en direct. Le jour de l'émission, Cyril me fait venir dans sa loge et me propose de me prendre comme chroniqueuse dans son émission. Moi je veux continuer à faire *Les Marseillais* et en plus je ne sais pas trop en quoi ça consiste, *TPMP*. Ils me mettent une oreillette et m'expliquent que parfois on va me dire quelque chose dans l'oreillette et qu'il faudra que je le répète. Du coup, je ne sais même plus ce que je dis vraiment. Déjà que je n'arrive pas à en placer une, mais si c'est pour répéter quelque chose qu'on m'a dit de dire, ça rend la chose très compliquée, je trouve. Au final, je me rends compte que je ne suis pas faite pour ce style d'émission. Ça va très vite, les gens se coupent la parole et moi je n'arrive pas à en placer une ! Mais ça reste une expérience agréable que je ne regrette pas.

- Europe 1. Ma seule expérience en radio. Avec Julien. C'était très, très drôle. On est un peu des boucans, Julien et moi. Pendant que les gens autour de la table parlent, lui et moi, on est sur nos téléphones, on fait des selfies, des Snap… mais on ne sait pas qu'il y a des caméras et qu'on est filmés en direct ! Qu'est-ce qu'on a rigolé en voyant ça après, sur les écrans. C'était très sympa, très rigolo, vraiment.

Enfin, il y a beaucoup d'émissions auxquelles j'ai refusé de participer parce que *Les Marseillais*, c'est un peu ma deuxième grande famille que je retrouve en colonie. Alors je n'ai pas envie d'aller ailleurs, de quitter *Les Marseillais*. Je suis très fidèle, en fait.

En quoi *Les Marseillais* sont différents des autres émissions ?

Les Marseillais, c'est l'histoire de plusieurs personnes pendant trois à sept semaines. Ce n'est pas scénarisé, ça n'a pas été écrit à l'avance. C'est une histoire qui est en train de se dérouler, où on joue notre propre rôle, nous ne sommes pas des acteurs.

En plus, nous et toute l'équipe de production travaillons dur, ce n'est pas comme si on était des fainéants. Le tournage, c'est un vrai rythme : dès que je me lève, on a besoin de moi sur le set. Bien sûr, si je suis malade, on va me laisser me reposer, mais sinon, ça ressemble plus à l'armée qu'au ClubMed comme rythme !

Il faut savoir aussi que, entre toutes les séquences, il y a un énorme travail d'organisation du temps, des activités, qui ne s'arrête jamais, sauf la nuit. Quant aux jobs que l'on fait sur place, ce sont de vrais jobs et, croyez-moi, ce n'est pas la fête tous les jours ! Comme l'émission ne dure que trois quarts d'heure à la télé, on ne voit pas tout le travail qu'il y a derrière.

Mais ce qui est bien aussi dans *Les Marseillais*, c'est que si on fait bien notre job, si on se comporte comme il faut, c'est-à-dire normalement mais en s'impliquant beaucoup à la fois dans le job qui nous est confié mais aussi et surtout dans la vie à l'intérieur de la villa, la bookeuse nous en donne d'autres et on est sûrs de rester dans l'émission.

En plus, la bookeuse nous donne des jobs différents, intéressants. Par exemple, j'ai été « ring girl » en Thaïlande, livreuse de glace à Buenos Aires, assistante dans un hôtel pour chiens en Afrique du Sud, etc., des choses que je n'aurais sûrement jamais faites sans ça.

J'aime aussi le fait que, chez *Les Marseillais*, le travail est important, c'est une vraie valeur. On doit vraiment s'appliquer à bien travailler si on veut rester dans l'émission. C'est ça le but.

Combien est-ce qu'on gagne ?

• Par la participation à l'émission

Cette donnée est totalement confidentielle, c'est écrit dans tous nos contrats qu'on ne peut pas divulguer cette information. Si tu es ancien, tu peux grappiller un petit peu plus, mais il n'y a pas beaucoup de différences entre nous.

Tous les chiffres qui sortent dans les magazines sont du grand n'importe quoi. Tout ce que je peux dire, c'est que c'est beaucoup moins que ce que les gens peuvent penser.

Quand j'ai été prise pour aller à Rio, je n'ai évidemment pas négocié mon contrat, j'étais si contente de partir pour l'émission ! Et puis pour moi, il n'y avait pas de business derrière, c'était une colonie de vacances ; j'aurais été dégoûtée de savoir qu'ils étaient partis sans moi. Ce n'est pas l'argent qui m'a motivée pour y rentrer.

La production ne nous demande pas de diplôme, de qualification spécifique ; le salaire qu'ils nous versent, c'est en contrepartie du fait qu'on est filmés toute la journée, qu'on donne tout notre temps pendant toute la durée du tournage, qu'on est complètement coupés des siens, du reste du monde et aussi pour le droit d'utiliser notre image pour la promotion de l'émission ou de la chaine de télé.

L'autre raison pour laquelle nos salaires sont certainement inférieurs à ce que la plupart des gens imaginent, c'est que la production sait aussi que la notoriété que nous apporte l'émission nous permet, si on se débrouille bien, de faire d'autres choses qui seront elles aussi rémunérées.

• Par la notoriété qu'elle procure

Une fois le tournage passé, c'est à nous de nous vendre, la production n'intervient plus.

On a tous commencé par des bookings. Un booking, c'est une présence dans un lieu public, des séances de dédicaces, de photos, surtout dans des boîtes de nuit. La boîte nous invite, nous offre les consommations, une table VIP et nous paye l'hôtel pour qu'on vienne faire l'animation dans la boîte. Parfois on est rémunérés pour cette prestation.

Après la deuxième saison des *Marseillais*, on a commencé à demander un peu plus pour ces bookings.

Nous, tous les anciens : Kevin, Julien, Paga, Thibault et moi, nous avons tous construit quelque chose. Nous avons réinvesti l'argent qu'on avait gagné grâce à l'émission car nous savons que ça ne durera pas éternellement. Sur les autres chaînes, j'ai l'impression que ce n'est pas tellement le cas.

Julien a investi dans une pizzeria, moi dans un salon de coiffure, Paga dans des magasins, Kevin un restaurant de sushi… Nous sommes tous devenus « grands ». Thibault et Shanna ont eu l'idée de BBryance et l'ont développée. Ils ont commencé petit en vendant un kit, puis deux, etc. Maintenant, c'est une grosse entreprise.

Nous nous sommes tous dit que la téléréalité n'allait pas durer toute notre vie et que, puisqu'on avait un peu d'argent, il fallait l'investir plutôt que le dépenser. Maintenant dans les tournages, on parle de nos employés, de nos associés. Le dimanche, on demande nos téléphones pour pouvoir prendre des nouvelles de nos autres activités professionnelles et savoir si tout se passe bien. On a des responsabilités, on est devenus des petits patrons !

Ça me paraît très important, quand on commence à avoir de la notoriété, de bien la gérer. Ça veut dire ne pas se laisser fasciner par tout ce qui brille, ne pas croire que ça va durer toute la vie, ne pas dépenser sans compter, penser à son avenir, à ce qu'on voudra faire « après », bien choisir ses amis, ses conseils, ses investissements, etc.

Mais de ça, et des placements produits, j'en parle plus loin dans ce livre.

Alors bien sûr, c'est vrai qu'on gagne plus que ce que nos parents gagnaient, mais nous ne sommes pas des « milliardaires », nous ne sommes pas des grandes stars américaines.

Quelles portes est-ce que ça ouvre ?

La téléréalité ouvre des portes, mais en referme d'autres.

Bien sûr, ça donne une certaine visibilité pour ce qu'on crée : tout le monde a su quand j'ai ouvert mon salon de coiffure ou quand j'ai créé mes parfums et bougies avec Thibault.

Avec la notoriété, on t'invite dans des endroits privilégiés, on va t'offrir des cadeaux, on va bien s'occuper de toi.

En réalité, ce que ça veut dire c'est qu'on te repère tout de suite. Mais ça ne veut dire que ça. Après, c'est toi et ta personnalité qui font la suite. Comment les gens vont réagir, qu'est-ce qu'on va te proposer, qu'est-ce que tu vas en faire, rien de tout ça n'est écrit d'avance, rien de tout ça ne va de soi. Certains ont tout gâché, tout perdu, se sont brûlé les ailes, sont devenus dépressifs, etc. Ça peut être horrible.

Thibault et moi, nous avons su garder la tête froide et ne pas tomber dans tous les excès, notamment l'alcool, les drogues, les entourages malfaisants, qu'on voit trop souvent autour des gens connus.

Mais la notoriété, ça se paye aussi très cher, et ça, les gens ne s'en rendent sûrement pas compte. Je vous en reparle un peu plus loin.

Quels conseils donner à un(e) jeune voulant se lancer ?

Il faut rester soi-même, ne pas s'inventer de personnage, ne pas en faire trop. En effet, certains ont suivi ce travers et se sont perdus dans ce qu'ils faisaient, ils ne savaient plus qui ils étaient.

Il ne faut pas penser à la notoriété, ne pas la chercher. Elle vient quand elle vient. On ne peut pas la forcer.

Il ne faut pas essayer de calquer le comportement d'une personne connue pour accéder ainsi à la même notoriété. De toute façon, cette personne est déjà dans la téléréalité, donc on n'a pas besoin d'en avoir une autre.

Et puis chacun a sa personnalité. Paga, c'est le clown. Tout le temps en train de rire ou de faire rire tout le monde. Moi, je dis toujours ce que je pense. Je suis cash. Je suis arrivée dans *Les Marseillais* après Julien et tous les autres et j'ai fait ma place en étant moi-même, naturelle, sans me forcer.

Je suis un « boucan », comme on dit chez moi, c'est-à-dire quelqu'un qui ne se laisse pas faire, quitte à mettre le bazar quelque part. Ce n'est ni un rôle que j'ai décidé de jouer, ni quelque chose que j'ai essayé de réprimer, de supprimer.

Je suis dans la vie comme je suis dans la villa. Si ça plaît, tant mieux, si ça ne plaît pas, tant pis, mais il ne faut pas essayer d'être quelqu'un d'autre pour plaire. Ça ne marche jamais ; ni dans la téléréalité, ni dans la vie.

Plus concrètement, pour participer à ce genre d'émission, il n'existe pas de boîte aux lettres où déposer sa candidature. En fait, il y a des « chasseurs », des sociétés de production qui se cherchent dans des villes ou sur Internet pour repérer des physiques, des couples, ou alors vont en boîtes de nuit pour identifier la manière dont certaines personnes font la fête. Ce sont les sociétés de production qui vont vers les gens.

Les fans pensent que c'est très facile de rentrer dans la téléréalité alors qu'en réalité, il y a des centaines de gens qui font des castings toute l'année. C'est comme dans toute activité, il y a une sélection, alors peut-être on viendra te chercher, mais peut-être pas. Tu pourras t'y plaire, mais peut-être pas non plus. On voit dans certaines émissions des candidats qui rentrent chez eux, qui ne se sentent pas à leur place. Ce n'est pas facile, ce n'est pas la fête à la maison. Contrairement aux apparences, c'est un vrai travail.

Les nouvelles candidates veulent souvent se rapprocher de moi ou d'autres anciens, parce que nous sommes les piliers de la maison. Certaines veulent se mettre en couple avec Kevin ou Julien pour les mêmes raisons, parce qu'elles les connaissent, ou croient les connaître, pour les avoir vus depuis le début. Mais tout ça, ce n'est pas une bonne idée. Encore une fois, il faut être soi-même, ne pas calculer. Au début de l'émission, les relations n'étaient pas les mêmes, on était plus spontanés.

Chapitre 2

LES MARSEILLAIS

Ma position dans l'émission

La production m'a toujours dit que j'étais vraie dans l'émission, alors que je vois que certains candidats ne le sont pas. Pour moi, c'est une évidence. Je suis comme je suis. Ce que j'ai vécu avec Julien, Nikola ou Thibault, c'est du vrai, ce n'est pas trafiqué, joué.

En fait, les gens de la production me connaissent par cœur ; par exemple s'ils me mettent dans une cage avec des chèvres ou des araignées ou, comme en Afrique du Sud, des requins, ils savent très bien que ça va être drôle. Enfin, drôle pour les spectateurs, pas pour moi !

Tout vient de la force que j'ai en moi, qui me fait aller de l'avant : je veux être la meilleure ; j'ai un esprit d'indépendance, d'autonomie, de liberté. Si ça marche pour moi, c'est grâce à cette force.

J'aime la compétition aussi. Dans une salle de sport, par exemple, je me mets en compétition avec la personne à côté qui court sur le tapis. Même avec Thibault, je suis en compétition. La production, mais aussi les spectateurs, je crois, aiment cet aspect de ma personnalité dans l'émission, car ils savent que je donne tout.

Par exemple je suis restée une fois accrochée à un poteau pendant quarante-cinq minutes car je voulais absolument gagner. Je me rappelle que cette fois-là, la production se demandait comment j'avais fait, car le record était de dix minutes. En réalité, ils testent tous les jeux avant de nous les faire faire, pour s'assurer qu'il n'y a pas de problème de sécurité. Et sur ce jeu-là, le maximum que les essayeurs avaient tenu était dix minutes.

Je suis honnête, je ne vais pas hésiter à dire ses quatre vérités à quelqu'un. Je sais aussi me remettre en question et reconnaître quand j'ai tort.

Du coup, les gens aiment être avec moi, je suis toujours de bonne humeur, j'ai toujours la blague pour faire rire. Par contre, je peux soudainement avoir une crise d'angoisse.

C'est pour ça, pour ces traits de ma personnalité que je suis toujours là des années après ma première émission ; c'est pour ça que j'ai plus de trois millions de followers sur les réseaux sociaux, mais j'ai du mal à en prendre conscience ; pourquoi moi ?

Ce qu'on ne voit pas à la télé

Tout ne se voit pas à l'image. Par exemple, il y en a qui sont prétentieux, donc on ne les aime pas. Ça se ressent à l'image qu'on ne les aime pas mais pas qu'ils sont prétentieux. Alors les téléspectateurs ne comprennent pas notre comportement et ils nous « défoncent » sur les réseaux sociaux. Ils ne savent pas pourquoi j'ai été dure avec quelqu'un ou pourquoi je n'aime pas une personne. Mais ce que je peux vous dire, c'est que je ne me comporte jamais comme ça gratuitement. Si je suis dure, c'est parce que la personne m'a fait quelque chose que je n'ai vraiment pas aimé. Il y a des gens qui sont très forts pour faire leurs petits coups en douce, sans que ça se voie, des gens hypocrites ou qui ont des comportements *fake*. Et ça, je déteste.

Je dois quand même avouer que j'ai pu m'énerver aussi pour pas grand-chose, par exemple pour une chaise avec Paga, parce qu'il avait pris la mienne ou bien parce que quelqu'un me réveille en faisant du bruit. Ça me met de mauvaise humeur car il y a presque toujours du bruit dans la villa, vu le nombre de gens qui y vivent, et qu'on dort rarement longtemps ou profondément, ce qui explique qu'on puisse avoir parfois les nerfs à fleur de peau.

Ça vient du fait que nous sommes fatigués et que nous sommes tout le temps ensemble et du coup on explose plus facilement. On va s'énerver parce que Untel ne nettoie rien, ne range rien, n'aide pas dans la villa, et ça peut créer des tensions internes. Mais ça, on ne le voit pas toujours à la télé car si ça n'a pas de rapport avec l'émission, avec les sentiments des uns et des autres, ce sera coupé au montage alors que l'énervement, lui, se voit quand même.

Si l'incident génère une petite tension mais qu'elle disparaît vite, il y a des chances qu'on ne le voie jamais à l'écran. Par contre, si ça dégénère un peu et que ça affecte vraiment les relations entre certains d'entre nous, la production voudra montrer le point de départ de ces tensions, et donc l'incident.

Ça peut vous surprendre que je dise qu'on est fatigués alors que, quand on regarde l'émission, on a l'impression qu'on est une bande de jeunes qui s'éclatent dans une magnifique villa, en vacances, quoi.

Mais comme je l'ai expliqué plus haut, on n'est pas là pour glander, pour ne rien faire. Nous sommes filmés, et donc concentrés, attentifs, toute la journée, et ça, croyez-moi, ça fatigue. Et puis on se retrouve enfermés avec des gens qu'on n'aime pas forcément. Ça non plus, ce n'est pas facile. Les gens qui nous critiquent quand on s'énerve ou qu'on dit qu'on est fatigués n'ont sans doute jamais vécu comme ça, c'est-à-dire pendant plusieurs semaines les uns sur les autres presque sans contact avec l'extérieur.

Sur chaque tournage, Julien se faisait un bobo et allait à l'hôpital à un moment ou un autre. Paga, quant à lui, a été déshydraté dans un des tournages. Moi, j'ai été hospitalisée deux fois pour des problèmes médicaux pas graves mais qu'il fallait traiter tout de suite. La plupart du temps, ça se passe hors caméra et on ne voit pas dans l'épisode que quelqu'un s'est absenté, mais il y a eu des exceptions.

Il m'est arrivé aussi de faire une crise d'angoisse à devoir appeler Tonton. En effet, je ne dormais plus, je n'arrivais plus à tenir le rythme du tournage. Je buvais deux cafés le matin, plus deux canettes de boisson énergisante. Arrivé le soir, où je devais parler devant la caméra toute seule, mon cœur me faisait mal. Ils ont arrêté de tourner aussitôt pour m'emmener à l'hôpital. Ça s'est passé lors de l'émission à Marbella contre le reste du monde.

Comment ça se passe réellement entre les candidats ?

Quand on me demande comment ça se passe à l'intérieur, j'ai envie de dire que ce qu'on voit dans l'émission, c'est la vérité et en même temps que certains d'entre eux s'inventent complètement leur rôle.

Pendant que nous sommes en off la nuit, certains candidats inventent des histoires pour essayer de se mettre en valeur le lendemain. Par exemple qu'ils vont se mettre en couple, se disputer, puis de se remettre ensemble deux jours après, etc. Ils essaient d'inventer leur histoire pour se dire qu'ils existent. Je trouve ça agaçant, parce que ni les téléspectateurs ni moi ne sommes intéressés par de fausses histoires. Je trouve que ça gâche l'esprit de l'émission.

Moi je n'ai jamais rien imaginé ou pensé d'avance. Je réagis à l'instinct, en fonction de ce qui se passe et de la façon dont les gens qui m'entourent se comportent avec moi.

Malgré les tensions, tout finit bien à la fin du tournage. Quand on rallume nos téléphones, en fait plus personne ne se fait la guerre, les tensions sont mises de côté. Personne ne se déteste. Au contraire, on a des souvenirs très forts qui nous relient.

Quand on rentre chez nous, on ne garde pas de contact avec certains mais avec d'autres oui. C'est tout simple.

Les meilleurs moments des *Marseillais*

L'un des meilleurs moments fut à Rio, pendant le carnaval, car là-bas, grâce à l'émission, j'ai pu défiler sur le Sambódromo, devant des millions de spectateurs et téléspectateurs. J'avançais dans cette allée incroyable, au milieu des spectateurs, des danseurs, des chars plus beaux les uns que les autres. J'en pleurais d'émotion.

Un autre moment énorme fut la Full Moon party en Thaïlande en 2015. On était là, tous les Marseillais, sur la plage, et on a dansé et on s'est éclatés au milieu des milliers de gens qui étaient venus pour cette « beach party » mythique. Quelques jours plus tard, nous sommes allés passer deux jours avec le peuple des « longs cous », dans la montagne. Vous savez, cette tribu où les femmes portent des anneaux dorés autour du cou qui s'allonge avec le temps car elles rajoutent régulièrement de nouveaux anneaux. Pendant deux jours nous étions isolés avec eux et avions partagé leur mode de vie, à la fois simple et pauvre. Nous dormions sur des planches en bois, au-dessus des animaux de basse-cour qui faisaient du bruit toute la nuit. Les petits enfants n'avaient même pas de couverture. Mais j'ai eu le sentiment d'une vraie harmonie dans leur mode de vie. Et ce qui m'a le plus frappée, c'est leur incroyable générosité alors qu'ils ont si peu.

À Cape Town, hors caméra, tous les autres ont décidé d'un commun accord de me faire peur. J'étais dans la cage d'escalier et ils m'ont fait croire qu'il y avait des esprits dans la maison. J'y crois, j'entends des bruits, alors que ce sont eux qui allument et éteignent les lumières, font des bruits bizarres. Kim fait semblant d'être possédée. Moi je suis contre le mur, en larmes, je veux faire mes valises et quitter cette villa au plus vite. Devant mon état de détresse, ils finissent quand même par arrêter. Je ne dirais pas que c'était le meilleur moment des *Marseillais*, mais aujourd'hui, ça me fait bien rigoler.

À Palma, en revanche, tout le monde croyait que la maison était possédée par des esprits, cette fois. On était allés jusqu'à mettre un ordinateur et une caméra pour filmer ce qui se passait quand on dormait. Certains sont montés au grenier pour faire croire aux autres qu'il y avait des fantômes.

En Thaïlande, il y a eu une soirée où j'étais déguisée en pompier avec Stéphanie et on a dansé sur des musiques des années 80. C'était un super bon moment.

Les autres Marseillais connaissent ma phobie des insectes et ma peur de certains animaux et ils en lancent tout le temps sur moi. S'ils en trouvent un, il est pour moi, vous pouvez en être sûrs ! Parfois, ils vont mettre un serpent en plastique derrière la porte pour me faire peur. Entre tous, c'est Paga qui s'en est fait une spécialité. Une fois il m'avait envoyé un poisson mort à la figure.

J'avais hurlé ! Je crois que cette vidéo a fait le tour du monde, tellement ma réaction fait rire les gens.

Parmi les meilleurs moments, il y a eu tous ceux où j'ai eu la chance de caresser et de m'occuper d'animaux que je n'aurais jamais pu approcher autrement. Par exemple un bébé rhinocéros, un lionceau, un bébé kangourou, un koala, etc.

J'ai peur des masques, dont un, en particulier. Paga l'adore et joue le psychopathe avec et court après toutes les filles. Ça nous fait hurler, et lui, ça le fait marrer.

Parfois, les membres de l'équipe participent à nos délires, en mettant des lunettes drôles ou des colliers à fleurs… tout en continuant à travailler derrière les caméras. Vous ne voyez jamais ça dans l'émission, mais ça contribue à créer une sorte d'atmosphère de famille entre nous et c'est bon pour tout le monde.

Mais le moment de cette émission qui nous a tous marqués et fait vraiment kiffer, c'est lors du tournage en Thaïlande, en 2015, lorsque nous avons fait le mur. Le tournage venait de se terminer. Il ne restait plus que quelques interviews (ITV) à faire le lendemain. La production pensait évidemment qu'on allait rester tranquillement à la villa pour se reposer et être en forme pour ces interviews. Sauf que nous, *Les Marseillais*, nous avions fermement l'intention de fêter dignement la fin du tournage. Seuls quatre d'entre nous préféraient rester. Alors ils ont fait diversion pour attirer Tonton, une fois que les caméras étaient parties. Nous, on a mis des polochons et des oreillers dans nos lits pour faire croire qu'on dormait et on est partis de la villa par un petit chemin discret.

Plus loin, dans une rue, on se fait cramer par des gens de la production qui étaient dans une voiture. Dès qu'on s'en aperçoit, on court et on saute dans le premier tuk-tuk qu'on voit et on crie au chauffeur de rouler le plus vite possible. Nous étions heureux comme des gamins qui ont joué un bon tour à leurs parents. Ensuite on fête ça dignement dans un bar de Koh Samui. Tout à coup, alerte rouge, la grande boss de la production appelle l'un d'entre nous sur son portable, puis un autre, puis moi. On décide alors de tous se mettre en mode « avion » pour ne pas lui répondre. Ensuite, on change de bar pour continuer la fête. Catastrophe, les responsables de la production nous crament à nouveau dans leur voiture. Nous, on avait convaincu un gros videur de boîte de nuit de venir avec nous et de nous protéger, alors on continue à se comporter un peu comme des gamins rebelles. Bon, on finit par rentrer à la villa, quand même, trop contents du bon tour qu'on avait joué. Mais il était tellement tard qu'il a fallu faire les interviews direct en rentrant. J'étais au bout de ma vie à cause de la fatigue et de l'alcool… qui n'était pas complètent évaporé, on va dire. Finalement, on s'est excusés auprès de la production et on n'a plus jamais recommencé.

Il y a évidemment eu beaucoup d'autres moments géniaux mais si je devais les raconter tous, ce n'est pas un bouquin que j'écrirais, c'est une encyclopédie !

Les pires moments des *Marseillais*

Le plus mauvais moment de téléréalité fut en Thaïlande. À notre arrivée, on nous expédie sur une île déserte. Une fois débarqués sur l'île, on nous prend toutes nos affaires en nous expliquant que c'est pour tester notre résistance. Pendant deux jours je me retrouve sans lit, sans toit, sans rien pour me laver, alors que je n'y étais pas préparée du tout. Nous avons dû nous débrouiller pour trouver des fruits, de l'eau dans la jungle. Au bout de ces deux jours, on avait vraiment faim et vraiment froid la nuit. J'étais au bout de ma vie, en larmes tout le temps. On n'aurait jamais accepté si on nous avait prévenus avant, mais la production devait s'en douter, d'où la surprise ! J'ai très mal réagi. J'ai détesté être démunie, avoir faim et froid. Alors je me suis bloquée, je ne voulais plus rien faire à part chialer. Les autres Marseillais ne pouvaient plus me supporter ! Aujourd'hui on en rigole bien entre nous.

Le pire souvenir tout court s'est produit lors des *Ch'tis vs les Marseillais* à Palma, hors caméra. Stéphanie, Tressia et moi nagions, pendant que le reste du groupe discutait sur la plage, sous les regards des caméras et des journalistes. Nous étions parties nager pour nous détendre et d'ailleurs au début on rigolait bien. Mais à un moment, quand on a voulu revenir sur la plage, on s'est rendu compte qu'on n'y arrivait pas. On avait beau nager, on n'avançait pas et plus ça allait, plus on était épuisées. Le courant nous empêchait de rentrer. Ceux qui étaient sur la plage, quand ils nous regardaient, ne voyaient rien d'anormal. À un moment, je dis que je vais arrêter de nager. Stéphanie et Tressia me disent de tenir bon, de ne surtout pas abandonner. Moi, je vois la fin venir. C'est horrible. Heureusement, les sauveteurs sur la plage ont compris en nous regardant que quelque chose n'allait pas et ont accouru pour nous sauver. On se serait crues dans *Alerte à Malibu*. C'est là qu'on voit que c'est un vrai métier car eux seuls ont vu qu'on allait se noyer. Depuis que j'ai eu cette peur énorme, je ne m'éloigne pas du bord.

Mes partenaires préférés dans *Les Marseillais*

Stéphanie a été l'un de mes piliers dans l'émission. Elle a la tête sur les épaules, je pouvais me confier à elle. Notre vie, à l'époque, c'était la télé, on était toutes les deux célibataires. Du coup, dans notre relation, on était comme un binôme, on allait se laver ensemble pendant le tournage, on mangeait ensemble, on dormait ensemble, on était vingt-quatre heures sur vingt-quatre heures ensemble.

Et puis, elle décide un jour de quitter la téléréalité et je me suis retrouvée seule. Ça a créé un grand vide, un vrai manque. J'ai très mal vécu de ne plus l'avoir avec moi. Je ne m'attendais pas du tout à ce qu'elle parte et son départ m'a causé un grand mal-être. J'en pleurais toutes les larmes de mon corps.

Sa désaffection a commencé lors du tournage à Buenos Aires, quand elle s'est mise en couple avec un garçon de l'extérieur qui vit à Londres. Elle n'était plus intéressée par ce qui se passait à l'intérieur de la villa. C'est à partir de ce moment-là que nos centres d'intérêt ont divergé. Pour ma part, j'aime toujours ce que je fais. Je ne lui en veux pas d'avoir décidé d'arrêter. Mais quand elle est partie, je me suis sentie vraiment seule.

Aujourd'hui, sa vie a complètement changé, elle a totalement arrêté la téléréalité, elle est devenue blogueuse. Notre relation a changé, elle aussi. Elle fait sa vie à Londres et moi la mienne à Dubaï et en France. Nous sommes toutes les deux en couple. On ne se donne plus de nouvelles autant qu'avant.

Je n'ai plus jamais retrouvé une relation comme celle-là avec une autre fille. Je prends une chambre seule maintenant, alors qu'on prenait notre chambre toutes les deux ou je lui réservais sa place si elle devait arriver après moi. Aujourd'hui, je peux bien m'entendre avec les autres candidates, mais pas autant qu'avec Stéphanie dont je connaissais tout.

Julien également ; même si c'est mon ex, c'est devenu un collègue. On fait les quatre cents coups tous les deux, on rigole. Les gens ont toujours attendu notre retour en couple. Mais on est trop pareils, ça ne marche pas quand on est en couple, mais en revanche on délire trop bien ensemble quand on est juste collègues. S'il n'est pas présent dans une aventure, je serai dégoûtée.

Après notre séparation, ça a été difficile. Petit à petit on a pu recommencer à se parler normalement, puis à devenir potes.

Aujourd'hui je peux dire que je ne le vois plus comme mon ex après tant de temps passé ensemble dans toutes ces aventures. Malgré les tensions qu'il a pu y avoir quand on habitait sous le même toit dans l'émission, Julien, Manon et moi, maintenant tout se passe bien entre nous. Certaines personnes trouvent ça malsain. Dans une vie normale, on ne se verrait sans doute plus avec Julien, mais avec la télé, on était obligés de se côtoyer, ce qui nous a permis de devenir amis avec le temps. Ainsi, si j'arrête la télé, peut-être est-ce qu'on se verra moins. On verra bien !

De façon plus générale, on dirait que beaucoup de gens ne peuvent pas sortir du passé. Pour eux, s'il y a eu une relation entre deux personnes, c'est qu'elle doit se reproduire un jour. Or, dans la vraie vie, c'est très rarement le cas. Presque jamais, même. Quand on quitte une histoire, c'est pour de bon. On grandit, on évolue. Nos histoires du passé appartiennent au passé et, croyez-moi, c'est mieux qu'elles y restent.

Je m'entends bien avec beaucoup d'autres Marseillais qui sont devenus des collègues, des amis, eux aussi, notamment Kevin, Paga, Benji, etc. Dans les premières saisons, entre Marseillais, on ne se quittait pas entre les tournages. Depuis, chacun travaille, Thibault et moi habitons à l'étranger et on n'est plus aussi proches, du coup. On ne se voit que pour les tournages, mais on a toujours cette impression que nous ne nous sommes pas quittés.

Mes saisons préférées

Rio est l'une de mes émissions préférées, car c'était la première et nos relations étaient fortes et sincères. C'était pareil à Cape Town où la villa était belle, où il y avait plein de choses vraies qui se passaient entre nous et où on s'entendait tous bien.

Après cette dernière, les choses ont un peu changé dans *Les Marseillais*. Je trouve que les nouveaux sont plus calculateurs, moins spontanés. J'ai l'impression qu'ils se disent qu'il y a du business ou du fric à se faire à devenir célèbre et que c'est surtout ça qui les intéresse. Parmi les nouvelles, certaines sont venues me voir au bout d'une demi-heure après que je les ai vues pour la première fois pour me demander comment se passent les placements produits !

L'Australie fut la pire des saisons, pas du point de vue de l'histoire, mais de la géographie ! Le voyage pour aller à l'autre bout du monde et en revenir était tellement long, j'ai cru qu'on n'y arriverait jamais. Une fois arrivés là-bas, nous qui pensions aux plages, aux surfeurs, au soleil, on découvre qu'il faisait mauvais, mais mauvais !

Moi qui n'avais emporté que des bikinis et des tenues de plage, j'ai dû emprunter des joggings aux garçons, tellement j'avais froid. Ça ne se voit pas à la télé, mais on a vraiment eu un temps pourri ! En plus, c'est le plus gros décalage horaire qu'on peut avoir et c'est horriblement fatigant. On n'arrivait pas à dormir la nuit du tout et la journée on était fracassés. Il nous a fallu près de deux semaines pour se recaler sur un rythme normal. En attendant, la fatigue était très difficile à gérer pour tout le monde, y compris les équipes de tournage et la production.

Mais en même temps, c'est la saison où tout bascule, un grand tournant dans nos vies.

C'est là que nous constatons que nous sommes devenus des grands. Moi je suis avec Thibault ; Julien et Manon attendent un enfant ; nous avons tous commencé à investir, à créer des entreprises, et nous découvrons les problèmes qui vont avec tout ça. Nous nous regardons et voilà, nous savons que nous avons basculé dans l'âge adulte, vraiment.

Chapitre 3

LA NOTORIÉTÉ

Comment ça commence

Avant de connaître la notoriété, on se demande ce que ça fait, et bien sûr, ça fait plaisir au début. Mais avec le temps, ça passe.

Pour moi ça a été très soudain. Je me rends compte que je suis devenue connue à mon retour de Rio, comme je vous l'ai déjà raconté. Le tournage avait duré sept semaines, et certains épisodes étaient déjà passés à la télé quand je suis rentrée en France. À mon arrivée, il y avait des cameramen, des photographes, des télévisions, des journalistes, des gens qui criaient mon prénom. Ça m'a choquée, surprise, mais ça m'a fait plaisir.

Les premiers temps, je pensais comme tout le monde que c'est chouette d'être connue ; bizarre, mais pas déplaisant. Je pense qu'on s'est toutes mises à la place de Beyoncé et qu'on s'est imaginées être célèbres, être sur scène, chanter. Moi, quand je faisais mes spectacles de danse, j'étais au premier plan, j'étais seule sur scène et j'aimais ça.

Très vite après Rio, on me reconnaît dans la rue, dans les magasins. C'est l'époque où je suis avec Julien, qui est plus connu que moi, car ça fait déjà un an et demi qu'il est dans le programme. Pour moi cette notoriété, c'est plutôt plaisant, ça ne me gêne pas d'aller en ville.

Sur les réseaux sociaux, je commence petit, avec cent, deux cents followers. Je me souviens d'avoir fait « Wow » quand j'en ai eu mille.

Maintenant j'en ai plusieurs millions.

C'est un truc de fou. Plusieurs millions.

Je suis devenue l'une des premières femmes françaises les plus suivies sur les réseaux sociaux. Je vous avoue que moi-même ça me dépasse. J'en suis à la fois très honorée et un peu troublée, presque inquiète.

Les gens m'ont vu grandir. Ils me connaissent par cœur, ils n'oublient rien. Il y en a qui ne m'aimaient pas il y a cinq ans et maintenant je suis leur préférée et *vice versa*. Les gens s'attachent à toi au fil des saisons, mais en même temps ils peuvent en venir à te détester. C'est très difficile pour moi de comprendre ça.

Les avantages

C'est sûr qu'avec la notoriété, on est bien reçu, on nous met aux bonnes tables dans les restaurants. Il y a même une fois, j'ai été arrêtée par les flics pour un contrôle en voiture. J'étais en règle mais je n'avais pas mes papiers sur moi. Ça s'est terminé par une photo avec les policiers et c'est tout !

Surtout, on rencontre des centaines et des centaines de personnes chaque mois, chaque semaine, et la plupart sont tellement gentilles, bienveillantes. Elles me disent que ce que je fais est génial, qu'elles aiment ce que je suis, ce que je représente, qu'elles s'identifient à moi. Je sais qu'il y en a beaucoup parmi vous et ça me fait tellement plaisir.

Il y a des gens qui ont pleuré dans mes bras, des gens qui m'ont offert des cadeaux, des gens qui m'ont remerciée du fond du cœur, des gens qui m'ont dit qu'ils m'aimaient vraiment.

Et ça, ça fait un bien fou. Ça me touche énormément, vous n'imaginez pas à quel point.

Un autre avantage énorme de la téléréalité, c'est qu'on est connu pour qui on est, pas pour un rôle qu'on joue.

Ça me permet d'être moi, comme je suis naturellement, et donc si on m'aime, ce n'est pas pour une image que je donne, c'est vraiment pour qui je suis. Et ça me touche d'autant plus.

Ça ouvre des portes professionnellement, aussi, bien sûr. Au début j'étais ravie de faire des bookings, de m'éclater avec les copains dans des boîtes de nuit partout en France. Évidemment, personne ne m'aurait proposé de faire ça si je n'avais pas été un peu connue.

Ça m'a permis aussi de faire venir mes parents et mes frères à Dubaï et de faire plein de choses avec eux que je n'aurais jamais pu faire autrement, comme de réaliser le rêve de mes parents en les emmenant à New York.

Les inconvénients

Plus on est connu, plus on attire de gens. Mais parmi ces gens, il y en a qui sont adorables, comme vous, mais il y a aussi des détraqués. Pratiquement chaque personne connue (acteurs, musiciens, politiciens, etc.) a une ou plusieurs personnes détraquées qui les suivent tout le temps, leur écrivent tout le temps, etc. Eminem en avait fait une chanson fantastique : *Stan*.

La téléréalité fait encore plus fantasmer les gens, parce que nous sommes comme eux. Ils nous considèrent comme leurs potes, leur famille. Il y en a qui m'attrapent par le cou et me tapent la bise, en me demandant comment vont Julien, Stéphanie, Paga et toute la clique. Je ne les connais pas, mais eux ils me connaissent par cœur.

Les gens qui nous regardent à la télé nous suivent sur les réseaux sociaux, parlent de nous dans les cours de récréation, au bureau, au café. Ils se disputent sur les réseaux sociaux pour nous défendre ou au contraire nous critiquer. Ils ont l'impression de bien nous connaître et certains se croient tout permis, du coup.

Certaines choses que l'on peut faire grâce à la notoriété peuvent aussi devenir négatives. Par exemple les bookings, au fur et à mesure que je devenais plus connue, devenaient horribles. J'avais la boule au ventre tous les week-ends, une angoisse à chaque fois que je devais sortir de la loge de la boîte de nuit, où j'étais toute seule ou avec le staff. Je me disais : « Dans dix minutes, il faudra que je sois dans la foule. »

Le passage de la loge jusqu'à la cabine du DJ, d'où je dois faire le show, à travers la foule, était devenu une angoisse incontrôlable. Tous ces flashs sur moi, les gens qui vont crier, qui vont essayer de m'attraper et les videurs qui vont me protéger. C'est horrible, je me demande si ça vaut vraiment le coup. En plus, je ne pouvais pas y aller à jeun, c'est-à-dire sans avoir bu au moins deux verres. J'ai essayé quelquefois sans alcool, mais quand je me retrouvais devant ces gens, c'était pire que tout. Je me sentais perdue, piégée devant tout ce monde. Un jour, je me suis quand même pris un verre dans la gueule. Après, je ne savais pas si ça allait dégénérer, si je n'allais pas me prendre un coup ou si on allait me cracher dessus, car telle ou telle personne n'aime pas mon personnage. Franchement, c'est horrible. Parfois, ça fait même un peu peur.

Je pleurais sur les quais de gare, car je n'étais pas bien. Malgré ça, les gens me regardaient et me demandaient même de me prendre en photo ou me filmaient alors que j'étais en larmes parce que j'étais tellement fatiguée. Ça ne les gênait pas du tout. Dans ces moments-là, on ressent une immense incompréhension, une immense solitude. Je quittais la boîte à 4 heures du matin, le temps que je rentre à l'hôtel et que je me lave, il était six heures et demie, je devais me lever à 8 heures, car mon train était à 9 heures. Je pouvais passer la journée dans les transports, car mon prochain booking était dans le Nord et moi dans le Sud, par exemple.

Certains patrons de boîte de nuit ne me respectaient pas non plus. Ils me disaient d'attendre pour me ramener à l'hôtel ou pour me payer puis me faisaient poireauter jusqu'à 6 heures du matin dans la loge, seule. Je me souviens en particulier d'un des derniers bookings que j'ai faits. Je suis à Clermont-Ferrand au milieu des vaches, en pleine nuit, et je dois être à Lille le soir. Le patron de la boîte de nuit ne répond pas au téléphone, alors que c'est lui qui doit m'emmener à la gare tôt le matin. Je suis dans l'hôtel et je fonds en larmes, dans cet hôtel tout pourri, avec limite pas de W-C dans la chambre. Thibault me dit alors : « Arrête ces bookings. Si tu continues comme ça tu vas te pourrir la santé. » C'est alors devenu lumineux pour moi qu'il fallait que j'arrête ça et c'est ce que j'ai fait. Ça sert aussi à ça, un mec !

Aujourd'hui, je refuse d'aller en boîte de nuit avec mes collègues, même en dehors des bookings, car je vais passer mon temps à faire des photos, alors que je préférerais être assise avec mes potes à boire des coups et danser.

Moi, je n'arrive pas à dire non aux gens qui sont autour de moi et qui veulent des photos. J'en connais qui y arrivent, mais moi je ne peux pas. Je ne sais pas qui sont les gens qui m'abordent, ni ce qu'ils ressentent, mais je sais qu'ils ont l'impression de me connaître par cœur, que nous sommes proches. Je sais qu'ils ne comprendraient pas que je leur dise non, que je les traite mal.

Je n'ai pas envie qu'ils pensent de moi que je suis quelqu'un de désagréable, de snob, d'indifférent, car je ne le suis pas. Mais je vous assure que ça a un vrai coût. Il y a bien des fois où on a juste envie d'être dans son coin, tranquille, et où on ressent comme une agression de se voir demander de sourire, de signer, de prendre une photo, etc., parce qu'il peut y avoir dans nos vies des choses qui font qu'on n'a pas envie de sourire. Dans ces cas-là, les gens peuvent penser qu'on fait la gueule alors que non, c'est juste qu'il nous arrive des choses qu'ils ne connaissent pas et qu'ils pourraient peut-être comprendre, mais ça fait partie de nos vies privées et on n'a pas envie d'en parler à tout le monde.

Dans les lieux publics, c'est devenu invivable. Au début, ce n'étaient pas des émeutes quand j'allais faire des courses. Aujourd'hui, dès que je rentre dans un magasin, je sens monter l'angoisse. Je vois une personne avec le téléphone relevé, j'imagine qu'elle essaie de me filmer discrètement. Je ne peux même plus parler librement pour ne pas qu'on interprète mes paroles. J'en deviens totalement parano.

Un jour, j'étais allée chez Sephora, aux Champs-Élysées, pour m'acheter un produit. Je parlais à une vendeuse. Au bout de deux minutes, je vois son regard qui part derrière moi. Elle me dit de ne pas me retourner mais qu'il y a une foule qui arrive vers moi. Elle m'a prise par le bras et m'a entraînée vers une loge pour VIP où elle m'a apporté le produit. Ensuite la sécurité m'a fait sortir par les entrepôts !

Une autre fois, une fille m'a même enlevé mes lunettes pour prendre une photo de moi. Elle m'a dit qu'il fallait que je les enlève pour qu'on me reconnaisse et au moment où elle l'a dit, elle avait déjà ses mains dessus, sans que je puisse réagir. Ça m'a choquée. On m'a aussi balancé des glaçons sur la tête, mis de force des bébés dans les bras, etc.

Certaines personnes pensent que, parce qu'elles nous connaissent par la télé, elles peuvent tout se permettre, qu'elles peuvent nous toucher, etc. Par exemple, une fille est arrivée directement sur Thibault en lui mettant son flash dans la figure, sans lui demander quoi que ce soit. Surpris, Thibault lui a dit : « Oh, demande-moi d'abord. Je ne suis pas un animal, tu ne me fais pas ça. » Il avait tellement raison !

En France, il suffit que quelqu'un prenne son courage à deux mains et vienne nous demander une photo pour que tout le monde rapplique pour avoir chacun sa photo et ça ne s'arrête plus, même si je suis en train de déjeuner, et que du coup je mange froid ou que je laisse les personnes avec lesquelles je suis venue déjeuner seules à table. De même, je suis allée à LunaPark au Grau-du-Roi près de chez moi. Après avoir fait un manège, il y avait cinquante personnes qui m'attendaient à la sortie. Donc cinquante photos à faire. Résultat, je n'y vais plus. C'est pareil pour un restaurant d'une chaîne de grillades à Avignon. À peine arrivés, avant même de nous donner une carafe d'eau, le serveur fait un FaceTime de Thibault et moi pour sa famille. Ensuite on vient nous demander de nous lever pendant que nous mangeons pour faire une photo avec tous les employés, etc. Franchement, c'est abuser.

Une autre fois, je suis à Montpellier et une fille me demande si elle peut prendre une photo, je lui réponds d'accord et elle ajoute : « Mais tu rêves, je n'en veux pas, t'es nulle. » Julien a vécu la même chose : j'ai vu une vidéo sur les réseaux sociaux où un type lui dit : « Viens on va faire une vidéo. » Julien accepte gentiment et rigole avec lui, mais quand il s'en va, le type l'insulte.

Je crois qu'il nous est arrivé à tous de faire une photo avec quelqu'un qui nous le demande et de la retrouver ensuite sur les réseaux sociaux avec des commentaires insultants ou dégradants. Je ne comprends pas comment on peut faire ça.

Les gens te disent que ça doit être énervant de toujours faire des photos avec eux, mais ils te le demandent quand même. Je me suis même vue avant même d'avoir terminé mon kebab sur Twitter en train de le manger.

Ces mêmes gens n'accepteraient sûrement pas qu'un inconnu les touche ou les prenne en photo sans même rien leur demander. Alors pourquoi moi je devrais l'accepter et ne rien dire ? C'est pourtant ce qu'il faut faire, du moins dans certaines limites.

Tout ce que j'ai, c'est grâce à vous, grâce à mon public, mais comme c'est compliqué de gérer cette notoriété, je suis obligée d'avoir des stratégies quand je sors. Je ne passe pas devant un collège quand il y a des étudiants ; je ne vais ni au *McDo* ni au cinéma le mercredi ; j'utilise les drive-in pour ne pas attendre aux caisses ; l'été je vais dans les plages privées, je ne sors plus en boîte sauf cas exceptionnel, etc.

C'est une des raisons pour lesquelles je suis partie vivre à Dubaï, car le problème n'était plus limité à l'extérieur, mais est arrivé jusque chez moi. Des gens ont trouvé où nous habitions en France, Thibault et moi. Du coup, j'en ai surpris certains dans les buissons en train de me mater pendant que je bronzais. D'autres venaient chez moi sonner à n'importe quelle heure du jour et même de la nuit. Une autre fois, une tentative de cambriolage filmée. Du coup je me sentais moins en sécurité chez moi et on a préféré partir.

J'avais aussi envie de pouvoir n'être personne. De pouvoir sortir dans la rue, aller dans un magasin, sans être observée, suivie, abordée.

Ça peut être pénible parfois quand les gens viennent vous déranger, mais il y a le phénomène inverse qui n'est pas beaucoup plus agréable : les gens qui vous regardent de loin, avec beaucoup d'insistance, mais qui ne vous abordent pas. Je ne comprends pas pourquoi une personne essaie de m'épier, de m'observer. Je me sens comme elle, et pas différente. Je préfère que cette personne vienne me demander une photo et si, en plus, elle pouvait dire bonjour, ce serait parfait. Parce que sinon, ces mauvais comportements m'agacent et ensuite je me ferme comme une huître. Je sais que ce n'est pas bien, mais je vous assure que parfois, c'est difficile de faire autrement.

Une fois, sur la plage à Dubaï, quand j'ai vu des gens sortir leur téléphone pas loin de nous, je suis partie car je pensais que c'était pour nous prendre en photo, Thibault et moi. Mais est-ce que je suis certaine que c'était ça ? Après tout, ils voulaient peut-être passer un coup de fil, prendre la mer en photo ou que sais-je ? Le problème c'est que souvent, quand je me calme en me disant que ce n'est pas pour moi, que je deviens parano, je m'aperçois que, en fait, j'avais raison, ce qui renforce ma méfiance la fois d'après.

À Dubaï, les gens viennent parfois nous parler, à Thibault et moi, sont beaucoup moins nombreux qu'en France, donc ça m'est beaucoup plus facile de prendre un peu de temps pour discuter un peu.

En fait, à Dubaï ou ailleurs, dans l'ensemble les gens sont gentils, mais là où ne ça va plus, c'est quand il y a trop de monde qui vous reconnaît ou quand des personnes sont mal élevées et se comportent mal.

Parfois, je coupe les commentaires sur les réseaux sociaux. Par exemple, après un épisode où ils n'ont pas apprécié un de mes comportements, alors qu'ils ne connaissent pas tout de l'histoire, des tensions qui existaient, ils vont se déchaîner sur Internet ainsi : « Si je te croise, je vais te mettre un coup de couteau… », ou alors pour Manon qui était enceinte : « J'espère que ton bébé va crever, sale pute ! » Quand on nous détruit sur Internet, c'est ce que je vois en premier et c'est ce que je vais retenir, je me focalise sur ceux qui ne m'apprécient pas. Ces gens me jugent alors qu'ils ne me connaissent pas, qu'ils ne savent pas qui je suis. Ces remarques m'affectent parfois beaucoup. Il m'est arrivé d'aller vomir dans les toilettes car l'acharnement était trop dur à supporter.

À un moment, je me suis retrouvée même en dépression, à vouloir mourir. Tout ça à cause de la notoriété. Je suis restée quatre-cinq jours sans sortir de chez mes parents. J'ai demandé à ma mère de me monter à manger, à mon frère à boire. Je me suis enfermée dans ma chambre. J'étais fatiguée, déprimée. J'ai pourtant décidé de continuer, pour mes parents qui n'ont pas eu la même chance que moi.

C'est complexe, car je vis mal la célébrité et les demandes incessantes de gens dans la rue pour une photo, mais je m'angoisse en même temps à l'idée que ça s'arrête un jour. Ça me fait plaisir qu'on me reconnaisse, mais c'est contradictoire, car ça me stresse en même temps que les gens m'abordent tout le temps. En fait, j'ai peur de l'après la téléréalité. Bien sûr, la notoriété m'aide pour tout ce que j'entreprends, pour mes sociétés. Le fait d'être suivie sur les réseaux sociaux m'est utile dans mes activités professionnelles. La notoriété, c'est une fantastique publicité. La liberté de mon emploi du temps est essentielle pour moi, je travaille comme j'en ai envie et quand j'en ai envie. Je n'ai pas de patron au-dessus de moi. Donc, pour toutes ces raisons, je n'ai pas envie que ça s'arrête.

Voilà, la notoriété, c'est une bénédiction et une plaie, un avantage et un inconvénient, un bien et un mal. C'est une addiction, une drogue. Et comme une drogue, on a du mal à s'en passer.

Aujourd'hui, je crois que je ne peux plus vivre ni avec elle ni sans elle.

Chapitre 4

LA CHIRURGIE ESTHÉTIQUE

J'ai été beaucoup critiquée là-dessus. D'ailleurs, je me demande si j'ai été critiquée plus pour l'avoir fait ou pour l'avoir dit, en fait.

Oui, j'ai fait faire des retouches sur mon corps et mon visage. Pourquoi ? Simplement parce que j'en avais envie et que j'en avais les moyens. Et ça me semble suffisant, comme raison. Mais peut-être aussi est-ce parce que je suis confrontée à ma propre image en permanence, sur les réseaux sociaux, à la télé, etc., et que je vois donc tout le temps mes défauts.

Le fait de corriger un défaut ou d'améliorer tel ou tel détail de son corps ou de son visage ne change pas la personnalité de quelqu'un. Alors qui est-ce que ça dérange et pourquoi ?

Je connais beaucoup de femmes qui avaient une belle poitrine avant d'avoir des enfants et qui se désolent de l'avoir perdue ensuite. Je ne vois pas pourquoi, si elles en ont les moyens, elles ne pourraient pas retrouver des seins dont elles soient fières.

On peut vouloir être fière de son nez, de ses seins, etc., mais tout aussi bien vouloir corriger un défaut qui vous gâche la vie depuis l'enfance et qui vous a valu beaucoup de moqueries.

Après, c'est comme les tatouages, il ne faut pas que ça devienne une addiction et qu'on ne puisse plus s'arrêter car ça devient horrible parfois. Mais c'est heureusement rare.

Je l'ai fait, je n'en ai pas honte et même si je n'en avais pas forcément besoin car je sais bien que je n'étais pas horrible, j'en avais très envie et voilà.

Cela dit, je n'encourage pas les jeunes à faire de la chirurgie esthétique trop tôt. J'avais vingt-quatre ans la première fois et ça me paraît très suffisant. Il faut que le corps se stabilise, soit mûr, avant d'y toucher.

Je trouve ça bizarre qu'en France on se fasse aussi facilement attaquer quand on en fait ou qu'on dit qu'on en fait, alors qu'aux États-Unis ou au Brésil, par exemple, ça ne pose aucun problème à personne.

Récemment, je me suis fait retoucher le menton car j'ai toujours souffert de ne pas en avoir, ce qui explique que vous trouverez très peu de photos de moi de profil. Je pense que beaucoup de gens sont comme moi qui ont un petit truc, un détail qui cloche, qui ne dérange peut-être pas les autres mais qui devient obsédant pour eux. Je ne vois pas pourquoi on n'aurait pas le droit de vouloir corriger un petit défaut comme ça. À la suite de cette opération, je me suis fait défoncer sur les réseaux sociaux. Mais pourquoi ?

Il faut que je vous dise quand même que, après cette dernière intervention, j'étais au plus mal. Tout à coup je ne me reconnaissais plus, je ne pouvais plus me regarder en face, je ne supportais plus le regard des gens sur moi. J'ai même appelé le chirurgien pour qu'il me remette comme avant ! Il m'a dit d'être patiente. Il faut quelques mois avant que les œdèmes ne disparaissent et que le visage redevienne normal. Maintenant je suis très contente du résultat. Aujourd'hui je ne regrette pas de l'avoir fait, mais je vous conseille, si vous y pensez, de bien y réfléchir car une fois que c'est fait, c'est pour la vie.

De toute façon, il y a des gens qui ne sont jamais contents. On m'a critiquée pour mes dents de travers et on m'a critiquée pour les avoir corrigées. On m'a traitée de planche à pain avant que je ne fasse retoucher mes seins et on m'a insultée après pour l'avoir fait. Pourquoi toujours critiquer le physique ? Pourquoi juger les gens sur leur apparence ? Peut-être ces gens-là sont-ils très complexés.

Chapitre 5

LE BUSINESS

Aujourd'hui, j'ai souvent l'impression que beaucoup parmi les téléspectateurs et même parmi les nouveaux candidats pensent que la téléréalité n'a qu'un intérêt : celui de permettre de faire du business. C'est dommage, parce qu'en réalité, c'est beaucoup plus que ça et j'espère vous l'avoir montré dans ce livre.

Mais comme je vous l'ai dit plus haut, lorsqu'on se trouve emporté dans la téléréalité, c'est important de garder la tête froide. Nous savons tous que ça va s'arrêter un jour et que la notoriété peut être très pesante. Mais elle offre aussi des opportunités. Il faut savoir les saisir, faire les choses bien et se protéger pour le présent et l'avenir.

Faire les choses bien, qu'est-ce que ça veut dire ?

Savoir bien s'entourer

Il y a deux métiers très importants quand on se lance dans les affaires et qu'elles se développent : l'agent et l'avocat.

J'ai eu la chance de connaître deux personnes qui m'ont comprise, m'ont soutenue et ont bien su me guider, me protéger : Magali, mon agente, et Pierre, mon avocat.

• *Magali Berdah*

Magali n'a que quelques années de plus que moi. Quand je la rencontre, en mars ou avril 2016, elle est au tout début de sa carrière, elle aussi.

Jusque-là, mes activités professionnelles en dehors de la télé, c'est juste des bookings. J'étais jeune, pas formée. Alors je mettais mon salaire de W9 sur mon compte perso. Je recevais des cachets de 300/400 euros pour chaque booking que je mettais aussi sur mon compte perso. Je ne savais pas qu'il fallait créer une société, je ne savais pas qu'il fallait déclarer ses cachets aux impôts.

Parfois, je me suis fait avoir. Des patrons de boîte de nuit qui ne me payaient pas ou qui me donnaient un chèque en bois. J'ai été balancée par des gens jaloux et j'ai eu un redressement fiscal. Je n'ai pas de problème avec ça, c'est de l'argent que j'aurais dû payer de toute façon aux impôts. J'ai un peu plus de problème avec la jalousie des gens qui te dénoncent, mais ça, c'est un autre sujet.

Quand je rencontre Magali, j'ai tout de suite un bon contact avec elle. Elle est super dynamique, active, intelligente. Et j'ai eu le sentiment qu'elle me comprenait très bien et qu'elle pouvait vraiment m'aider. Elle m'explique qu'il est temps que je m'organise, que je fasse les choses bien.

Et c'est ce qui s'est passé. Avec elle, grâce à elle, j'ai créé ma société, mis de l'ordre dans ma comptabilité, trouvé des annonceurs pour des placements produits, fait les déclarations légales, etc.

Ce que j'aime aussi dans notre relation, c'est qu'elle est équilibrée. Elle m'a apporté et continue de m'apporter tous ces éléments que je n'aurais pas pu faire sans elle et moi je lui ai apporté plein de candidats de téléréalité dont je lui ai donné les contacts et qui travaillent maintenant avec elle.

Elle s'occupe de nous tous vraiment bien et elle-même est devenue une vedette dans son métier. Mais elle est toujours là pour moi, toujours. Et ça, c'est précieux.

- *Pierre*

Pierre, c'est mon avocat. Au départ, c'est le père d'un copain chez qui je vais jouer et me baigner avec mes frères et les siens dans sa piscine toute ronde quand je suis petite et qu'on habite à Vallabrègues. Donc lui, il n'a pas du tout le même âge que moi, mais c'est comme s'il faisait partie de ma famille.

Le premier contrat pour *Les Marseillais*, je le signe sans rien regarder, tellement j'ai envie de retrouver Julien. Mais ensuite, je me dis que c'est un peu débile de signer des trucs sans les lire, car il y a beaucoup d'escrocs dans la vie et on peut se faire facilement arnaquer. Seulement moi, je n'y comprends rien à ces contrats. On dirait qu'ils sont écrits dans une langue étrangère.

Un jour Pierre me dit que si je veux, il peut regarder tous mes contrats, gratuitement, juste pour m'aider. À ce moment-là, je n'avais pas bien réalisé que c'est un des avocats d'affaires les plus connus en France. Je ne le réalise que quand je dis à la production que c'est à lui qu'il faut parler pour mes contrats. Ils ont été voir sur Google, et là, panique ! Ils se demandaient pourquoi mon avocat était un gros calibre du barreau comme ça. Il a fallu qu'on les rassure en expliquant que c'était le papa de mon collègue et qu'il me connaissait depuis toute petite !

Depuis, Pierre est toujours là pour m'aider, me conseiller sur mes contrats et sur les choix professionnels importants. Il a toujours été là pour moi, lui aussi, et m'a aidée quand je ne savais pas à qui m'adresser.

Les placements produits

Les placements produits, ça provoque beaucoup de polémiques. Alors je tiens à préciser deux ou trois choses.

Ça se passe comme ça : une marque qui fabrique un produit prend contact avec mon agente pour demander que je fasse la promotion de leurs produits sur les réseaux sociaux. Elle m'en parle et moi je dis oui ou non.

Pour que je dise oui, il faut que le produit me plaise et il faut aussi que je l'essaie et que je trouve la qualité bonne. Que ce soit des habits, des gloss, des produits pour les dents ou quoi que ce soit d'autre, il faut que ça me corresponde, que ça me plaise.

Du coup, je refuse beaucoup, beaucoup de produits.

Il y a même des catégories entières que je refuse. Par exemple les sites de rencontres, de paris, de jeux, etc.

Moi, je ne suis pas la vendeuse. Je ne force personne. Je dis simplement que tel ou tel produit m'a plu, me convient bien et je donne des codes promo.

Ce n'est pas du tout prendre les gens pour des imbéciles, au contraire. Je me sens responsable de ne pas faire la promotion d'un produit dont je pense que c'est de la daube, que ça ne marche pas bien ou tout simplement que c'est moche !

Il y a des gens qui nous insultent parce qu'on fait des placements produits, mais il y en a beaucoup qui nous remercient parce que, avec les codes promo, on leur permet d'acheter des produits de bonne qualité moins cher. En plus, parmi ceux qui nous insultent, je pense qu'il y en a vraiment beaucoup qui aimeraient bien recevoir des produits et les essayer gratuitement, en fait, et que leurs critiques sont de parfaite mauvaise foi.

Et puis je limite carrément le nombre de placements que je fais. Croyez-moi, j'en refuse vraiment beaucoup. J'estime qu'il ne faut pas saouler les gens avec ça, non plus.

C'est un peu comme une émission à la télé, en fait. Un peu de pub au milieu, c'est pas grave et parfois même agréable. Mais trop, c'est trop.

Nos produits

Grâce à Thibault, nous avons créé nos propres parfums, sous la marque Bianochy.

C'est quelque chose dont je suis très fière car, contrairement à ce que pensent quelques personnes, c'est un vrai gros travail qui demande beaucoup de temps, d'énergie, d'argent et d'implication personnelle.

Avant qu'on soit ensemble, Thibault m'avait proposé de faire notre propre ligne de parfums et de bougies.

Nous avons développé ces parfums à Grasse, comme le font les plus grandes marques de parfum français.

Ces parfums, c'est nous. C'est le parfum que Thibault et moi portons tous les jours. Ils s'appellent **L'irremplaçable pour lui** et **L'irremplaçable pour elle**. On les trouve sur Internet, sur www.bianochy.com. Très récemment nous avons lancé **L'inaccessible et L'irréel pour lui et pour elle**.

Nous avons mis énormément de temps à les développer et ça coûte vraiment beaucoup d'argent parce qu'il faut payer les professionnels du parfum pour qu'ils nous fassent des projets sur la base de ce qu'on leur dit, qu'on essaie, qu'on rejette, qu'on recommence, etc.

Je voudrais en profiter pour remercier tous les gens qui ont acheté nos parfums sur la seule base de la confiance qu'ils nous font en achetant sans essayer.

Tous les jours nous recevons des remerciements, des compliments pour nos parfums et le fait de savoir qu'il y a tant de gens qui portent notre odeur, notre parfum, qui en sont contents et qui nous le font savoir, je vous assure que ça fait chaud au cœur.

Alors évidemment, il y a toujours des gens qui râlent, qui considèrent que tout ce qu'on fait, c'est de la merde, qu'on est des prétentieux, etc. Il y en a même qui nous ont balancés aux douanes, par pure jalousie. Aucune conséquence sérieuse car on fait les choses correctement, mais c'est fou de voir qu'il y a des gens qui peuvent faire ça par haine gratuite.

Mais il y en a tellement plus qui aiment ce que l'on fait qu'on se console vite.

Du coup on a décidé de faire des bougies, parce qu'il y a toujours plein de bougies chez nous.

Là aussi, beaucoup de temps et d'argent investis, sans savoir si ça allait marcher. On a travaillé sur les odeurs, les parfums, le packaging, etc. Au final on a plusieurs parfums de bougies et les gens les aiment beaucoup.

À côté des parfums et des bougies, on continue à faire des vlogs sur la chaîne YouTube Monsieur Kuro pour partager nos voyages. Nous savons que les gens aiment ça, et nous, nous aimons bien partager quelques moments avec celles et ceux qui nous font l'amitié de nous suivre.

Enfin, on a également créé un blog pour partager nos voyages, nos adresses et nos lieux préférés, restaurants, etc. www.jessibo.fr, parce que beaucoup d'entre vous nous demandent des informations sur tous ces lieux et plus généralement sur tout ce qu'on fait.

Chapitre 6

DUBAÏ

Comme je vous l'ai dit, Thibault et moi avons décidé d'aller vivre à Dubaï pour échapper un peu aux inconvénients de la notoriété et surtout parce que je ne me sentais plus en sécurité chez moi.

Pourquoi Dubaï ?

D'abord parce que j'ai toujours eu envie d'aller vivre à l'étranger, comme vous le savez.

Ensuite, parce que quand j'ai rencontré Thibault, il y allait très régulièrement. Il avait des amis là-bas et en y allant, non seulement je me suis bien entendue avec eux, mais j'ai aimé le style de la vie là-bas.

Du coup, pendant le tournage en Australie, Thibault cherchait une maison avec l'aide de ses amis et on a fini par trouver exactement ce qui nous plaisait.

Le jour J du déménagement, on part avec tout, même les chiens ; quelle galère ! On le voit bien sur la vidéo du déménagement sur la chaîne YouTube Monsieur Kuro.

Aujourd'hui, je m'y sens bien. Je ne suis toujours pas bilingue en anglais, mais je me débrouille suffisamment bien pour que ça ne me pose plus de gros problème. Ça durera ce que ça durera, mais pour le moment ça me convient très bien.

Alors je voudrais dire à celles et ceux d'entre vous qui rêvent de partir à l'étranger qu'il faut vivre ses rêves et se donner les moyens de les vivre. Je ne parle pas d'argent, en disant ça. Quand j'ai décidé de partir en Angleterre, je n'en avais pas. J'avais quitté mon boulot et vendu ma voiture, mais je savais ce que je voulais et je suis sûre que j'aurais réussi là-bas. Tout comme je vois des jeunes débarquer à Dubaï qui ne parlent pas ou peu l'anglais et qui se débrouillent bien, trouvent un boulot, etc. Alors si vous avez envie de partir, partez !

Chapitre 7

REGARD EN ARRIÈRE

Quand je regarde le chemin parcouru par la petite fille qui vivait heureuse dans sa caravane jusqu'à la jeune femme que je suis devenue aujourd'hui, je me dis que j'ai eu de la chance, mais je me demande : pourquoi moi ?

Je suis fière de mon parcours, de ce que j'ai réalisé. Je ne regrette rien, ni mes relations, ni mes rapports avec mes parents, si difficiles quand j'étais gamine mais si doux aujourd'hui.

La seule chose que je regrette c'est de ne pas avoir plus travaillé à l'école et au collège. Surtout l'Anglais, les maths et le Français. Aujourd'hui ces lacunes me gênent souvent et c'est dommage.

Tout a été important pour en arriver là où je suis. Moi, je crois au destin ; si je suis gentille avec les gens, je sais qu'on me le rendra ; si je donne, je sais que je recevrai.

Je n'ai jamais été envieuse ou jalouse des autres. J'ai eu envie d'avoir de belles chaussures, c'est vrai, et alors ? Qui n'a pas rêvé de s'offrir quelque chose de beau ?

Je ne comprends pas les gens qui écrivent sur Internet que je n'ai rien fait, à part trémousser mes fesses à la télé pour en arriver là où je suis aujourd'hui. J'espère que ce livre leur fera comprendre que ce n'est pas si simple que ça.

Je suis ultrasensible, dès que je vois une histoire triste, je pleure. C'était le cas quand j'ai vu la pauvreté des gens à Zanzibar, et que je me compare à eux, moi qui ai tant de choses et eux rien. J'essaie de relativiser en me disant que c'est leur vie, qu'ils n'ont rien connu d'autre, mais ça me fait quand même mal au cœur.

Je n'aime pas les inégalités entre les gens. Je peux me permettre aujourd'hui de donner plus d'argent à un pauvre ou à une association qui s'occupe d'eux. Je suis trop contente quand je le fais et que je vois la réaction de la personne en face. À l'école à Avignon, quand je ne finissais pas mon sandwich, j'allais le donner à un SDF ou bien un peu d'argent pour qu'il aille s'acheter à manger alors que je n'en avais vraiment pas beaucoup.

Je ne donne pas à tout le monde, mais quand ça me touche, je suis généreuse : par exemple pour un petit garçon qui perdait la vue et qui avait besoin de traitement. Et puis il y a l'histoire de Sofiane qui a eu plusieurs cancers ; sa mère m'avait contactée sur les réseaux sociaux. Il était fan de moi et j'ai accepté de le rencontrer. J'ai fait sa connaissance entre deux chimios, chez une amie dont j'avais donné l'adresse à sa mère. Lui croyait aller à la plage et il a été trop content de la surprise de me voir. Je suis aussi allée dans un centre pour enfants malades et en difficulté pour les rencontrer. Il y en a eu beaucoup d'autres histoires comme ça, mais je ne fais pas tout ça pour en parler ou pour me vanter alors je vais m'arrêter là.

Tout ça me fait plaisir. Je reste la même qu'avant, je n'ai pas vraiment changé. Je sais que je ne vais pas emporter tout ce que j'ai dans la tombe, je sais qu'on finira tous pareils.

Chapitre 8

REGARD EN AVANT

Comment je vois ma vie future ?

Si j'arrête la téléréalité, qu'est-ce que je vais faire ? Est-ce que les gens m'aimeront toujours ? Est-ce qu'ils me trouveront toujours intéressante ? Est-ce qu'ils auront toujours envie de me suivre, de connaître ma vie ? Est-ce que j'aurais encore envie d'en partager des aspects, des moments ? Je ne sais pas.

Ne plus rien avoir, ne plus rien faire est ma terrible angoisse. Je me suis, en effet, habituée à être connue, à être bien reçue, à avoir des avantages. Si tout ça n'existe plus, que va-t-il se passer ? Bien sûr j'ai prévu pour ma vie future, j'ai mis de l'argent de côté, j'ai créé des sociétés, je ne serai pas prise au dépourvu, mais quand même, l'avenir me fait peur.

Comme je l'ai déjà dit plus haut, la téléréalité, c'est aussi une drogue. Dure. On sait qu'on en souffre, on se plaint de tous les inconvénients que ça représente, mais on est accro. On a du mal à s'arrêter, à s'en passer. Forcément, quand on est connu, que les gens, tous les jours, vous reconnaissent, vous abordent, vous parlent, ça peut être saoulant, douloureux même, parfois, mais on a le sentiment qu'on existe. Et donc, tout aussi naturellement, s'installe la peur de ne plus exister si on n'est plus reconnu. C'est ça qui est le plus difficile à gérer quand on pense à l'avenir, à la sortie de ce monde de la téléréalité.

Je vais sur mes trente ans. Je suis dans une époque de transition, je me sens un peu perdue, je me pose beaucoup de questions sur mon avenir.

Ce que je sais, c'est que je suis bien dans ma vie, que j'ai trouvé la personne qui me correspondait avec laquelle j'ai envie de tout partager et d'avancer.

Nos parents attendent avec impatience de devenir grands-parents et Thibault de devenir papa. Thibault et moi en avons parfois très envie, mais quand on entend un bébé hurler dans l'avion, ça nous fait vite changer d'avis ! Ça arrivera quand mère nature aura décidé que c'est le bon moment.

Surtout, ce que je sais, c'est que j'ai en moi une force vitale considérable, qui me guidera toujours. Je sais que le destin est toujours là pour moi.

Chapitre 9

LES RAPPORTS HOMMES-FEMMES

Parmi les relations que j'ai eues avec des hommes, certaines se sont mal passées. Une des principales raisons pour moi d'écrire mon histoire était d'en parler, d'essayer de comprendre ou d'expliquer pourquoi ou comment le même scénario a pu se reproduire plusieurs fois. Il faut savoir que pour les besoins de ce livre, j'ai dû alléger un peu ce qui s'était passé. Parfois ça a été très violent. J'ai reçu des coups, j'ai eu des blessures, des hématomes. Après avoir hésité, j'ai décidé de vous montrer dans ici, pour la première fois, des photos que j'ai prises moi-même, après avoir été frappée, battue par tel ou tel homme avec qui j'étais. Toutes ces traces de coups, ces blessures ne viennent même pas d'un seul homme, mais de plusieurs d'entre eux. Inutile de dire lesquels, ça ne sert à rien.

Chaque fois, j'ai fini par partir. Ça n'a pas été facile. Il y avait toujours quelque chose qui me retenait, que je n'avais pas envie de quitter.

Ce qu'il y a de particulier dans ces relations, c'est qu'on finit par croire que c'est de notre faute si elles se passent mal. J'ai mis du temps à comprendre que c'est l'inverse et que justement, ce qui n'est pas normal, c'est qu'on se fasse battre ou insulter et qu'on trouve des excuses à l'autre.

Aujourd'hui si c'était à refaire, je n'accepterais plus qu'on veuille lever la main sur moi. Je ne tolérerais pas la moindre petite gifle, car c'est le début d'une série, c'est certain.

De la même manière, celui qui t'insulte, si tu ne réagis pas tout de suite, continuera à t'insulter. Donc je le dis très clairement à toutes celles (et ceux, car ce sont parfois les hommes qui sont maltraités ou battus) qui me liront : dès qu'apparaît la violence dans une relation, il faut partir.

Partir tout de suite, sans se poser de questions, sans lui poser de questions, sans attendre d'explications. Et ça, que la violence soit par les mots ou par les gestes. Car quelqu'un qui peut vous insulter peut vous frapper un jour. Quelqu'un qui vous frappe une fois peut vous battre un jour. Quelqu'un qui vous bat une fois peut vous tuer un jour.

Il faut partir pour se protéger, pour que ça s'arrête, mais aussi pour ne pas perdre son temps, car plus on attendra, plus ce sera difficile.

Il faut partir car peu importe l'origine des problèmes, peu importe que ce soit de « sa faute » ou pas, peu importe qu'il pleure, qu'il supplie, qu'il demande pardon. Peu importe même qu'il vous aime vraiment, profondément ou pas.

Il faut partir car ça ne s'arrêtera jamais. Quoi que l'on fasse, quels que soient les efforts que l'on puisse faire, ça recommencera et ça ne s'arrêtera jamais. Et forcément, vous serez malheureuse, très malheureuse, et vos enfants aussi.

Je ne parle même pas des cas où ça se finit à l'hôpital ou au cimetière, car il y en a beaucoup. Près de 150 femmes et 30 enfants meurent en France chaque année à cause de la violence de l'homme. Environ 25 hommes aussi meurent ainsi.

Alors il faut partir. Et si on a du mal à partir ou à ne pas revenir, comme ça a été mon cas, il faut se faire aider. Par sa famille, par ses amis ou même en appelant le 3919.

Il ne faut pas s'inquiéter, car on retrouvera le bonheur. Une séparation, ce n'est jamais la fin du monde.

CONCLUSION

Aujourd'hui, je sens venir la fin de la téléréalité et avec elle la notoriété.

Mais ce qui compte le plus pour moi, ce sont les gens que j'aime, qui m'aiment et qui m'entourent.

Mes parents et mes frères sont devenus essentiels à mon bonheur. Aujourd'hui j'aime passer du temps avec mes parents car je sais qu'ils ne seront pas éternels et ça me fait pleurer rien que d'imaginer ma vie sans eux. Aujourd'hui ils sont fiers de moi et moi, fière d'être leur fille. Je suis fière aussi de pouvoir raconter leur histoire dans ce livre, en même temps que la mienne. Fière de pouvoir leur rendre ce qu'ils m'ont donné, de leur avoir permis de vivre leur rêve.

Et puis il y a Thibault. J'ai enfin trouvé l'homme qui me correspond parfaitement. Il est toujours là pour moi. Il a su me soutenir, me donner confiance, m'aider, sans jamais m'imposer ce que je ne voulais pas, sans jamais crier, sans violence. Il m'a montré la voie vers la sortie de ce monde de la téléréalité, vers un monde meilleur. Et de ça, je lui serai toujours reconnaissante.

Enfin, je pense à vous, mes lectrices et lecteurs, et à toutes celles et tous ceux qui, à travers les émissions ou les réseaux sociaux, se sont intéressés à moi, à ma vie, à ma petite personne. Sachez que, même si la notoriété que vous m'avez donnée me fait peur et m'angoisse parfois, je vous suis profondément reconnaissante pour toute votre affection et pour votre bienveillance.

Je vous aime.

REMERCIEMENTS

Je tiens à remercier mes parents, Colette et Christian, à qui je dois tant. J'espère que ce livre leur rend hommage autant qu'ils le méritent.

Merci à mes frères Logan et Bradley de m'avoir supportée… dans tous les sens du terme ! Je suis fière de vous deux.

Merci à Thibault, qui est aujourd'hui mon mari, pour avoir été un homme, un vrai, qui a su m'aider, me comprendre, me soutenir, m'écouter, bien avant même que nous soyons amoureux. Merci de faire de moi une femme amoureuse et aimée.

Merci à mes beaux-parents, Guylaine et Vincent, qui m'ont accueillie dans leur famille à bras grands ouverts. Ce sont des beaux-parents géniaux.

Merci à Quentin, le frère de Thibault, qui me fait tant rire avec ses petits problèmes du quotidien, comme sa coupe de cheveux.

Merci à Julie avec qui j'ai grandi d'avoir partagé tant de choses avec moi et bien sûr de s'être si bien occupée de notre salon de coiffure.

Merci à Djamel qui a toujours été là pour moi, qui a su m'aider, me protéger et être un vrai ami.

Merci à Olive et Célia, nos amis proches qui nous ont si bien aidés non seulement à trouver une maison à Dubaï mais aussi à faire qu'on s'y sent aussi bien.

Merci à Seb, notre associé et ami, pour toutes ses bonnes idées et ses bons conseils.

Merci à Magali de si bien s'occuper de ma carrière professionnelle.

Merci à vous tous, lecteurs, followers, auditeurs, téléspectateurs qui me faites l'honneur de me suivre et à toutes celles et tous ceux qui m'aiment bien et me le disent.

Merci enfin à « mon Pierro » sans qui ce livre n'existerait pas, et merci à Amélie Brouet et Anne-Sophie Leroux qui l'ont aidé dans cette tâche.

TABLE DES MATIÈRES

2e partie

Composition et mise en pages
Nord Compo à Villeneuve-d'Ascq